科学奇又妙
物理 探究

让爱因斯坦鼓掌，让牛顿点赞

苏奇名 ◎ 编著

科学出版社

北京

内 容 简 介

如何学科学、爱科学、用科学？作者总结近20年的教学经验，用真实生动的案例创设问题情景，在解决问题的过程中，融入学习和生活中常用的科学思想和科学方法，为读者以后的物理学习打下坚实的基础。

本书主题丰富，内容涉及长度、温度、密度、惯性、摩擦力、压强、浮力、动能和势能等，每个主题都有实践环节，说一千道一万，不如实践看一看，读者在实践中更容易学会科学知识、理解科学方法，并逐步内化吸收，从而实现科学育人。

本书适合作为青少年的科普读物，特别是小学中高年级到初中二年级的学生，同时适合广大物理学爱好者参考阅读。

图书在版编目（CIP）数据

科学奇又妙.物理探究/苏奇名编著.—北京：科学出版社，2022.9
ISBN 978-7-03-072832-6

Ⅰ.①科… Ⅱ.①苏… Ⅲ.①科学知识—青少年读物 ②物理学—青少年读物 Ⅳ.①Z228.2 ②O4-49

中国版本图书馆CIP数据核字（2022）第141947号

责任编辑：孙力维 杨 凯 / 责任制作：魏 谨
责任印制：师艳茹 / 封面设计：北京新英才教育科技有限公司

北京新英才教育科技有限公司 制作
http://www.okbook.com.cn

科 学 出 版 社 出版
北京东黄城根北街16号
邮政编码：100717
http://www.sciencep.com

北京九天鸿程印刷有限责任公司 印刷
科学出版社发行各地新华书店经销

*

2022年9月第 一 版　　　开本：787×1092 1/16
2022年9月第一次印刷　　　印张：10 1/2
字数：100 000

定价：58.00元
（如有印装质量问题，我社负责调换）

序 1

习近平总书记指出："科技创新、科学普及是实现创新发展的两翼，要把科学普及放在与科技创新同等重要的位置。没有全民科学素质普遍提高，就难以建立起宏大的高素质创新大军，难以实现科技成果快速转化。"这一重要指示精神成为制定《全民科学素质行动规划纲要（2021—2035年）》（以下简称《科学素质纲要》）的根本遵循。《科学素质纲要》在"十四五"时期实施5项提升行动的第一个就是青少年科学素质提升行动。该行动的目标是激发青少年好奇心和想象力，增强科学兴趣、创新意识和创新能力，培育一大批具备科学家潜质的青少年群体，为加快建设科技强国夯实人才基础。并作出"提升基础教育阶段科学教育水平"的部署。

万丈高楼平地起，要落实好《科学素质纲要》，培养大批顶尖的科技创新人才，必须抓好基础科学教育。应该用青少年喜闻乐见的形式，用他们听得懂的语言诠释科学的奥秘，不断创新科学教育方法，更好地展现科学的魅力。"科学奇又妙"系列图书就在开展科学创新教育方面做了尝试。

该系列图书中的每一个主题内容均以真实问题驱动，学生在思考问题和解决问题的过程中，不断积累科学知识，学习科学思想和方法，有助于学生增强学习能力，提升学习成绩，更重要的是有助于学生将来在面临新问题时，能用这些知识和方法解决问题，在潜移默化中促进孩子们的全面发展，使他们逐步成长为国家需要的创新人才。

值得一提的是，"科学奇又妙"系列图书注重对学生价值观的培养和引导，充分利用科学知识和科学方法，实现科学育人，润物细无声。在"为谁培养人、培养什么人、怎么培养人"方面做了有益的探索。

中国科协创新研究院院长　任福君

序 2

如何提高学生的科学素养？如何为学生成长提供高质量、多样化、可选择的学习空间？苏奇名老师基于近 20 年教学实践经验的积累，回应时代之问，奉上这部科普读物，对青少年如何学习科学进行了独特的、成效显著的探索。

"科学奇又妙"系列图书，旨在探讨中小学如何培养学生的科学思想，帮助学生掌握科学方法。该书的独特定位和突出特点是：

1. 关注情景创设。该书用学生身边真实生动的案例创设情景，激发学生的学习兴趣，培养学生的问题意识，提升学生分析和解决问题的能力。

2. 关注实践性。该书在内容上与生活实际紧密相连，设计了详实的动手实践环节，采用项目式学习方法，让学生主动参与和体验，理解科学实质，提升动手能力。

3. 关注发展性。该书将蕴含在知识中的科学过程、科学方法浮现为明线并纳入研究性学习的视野。在引导学生学习科学的过程中，在玩中学，在学中玩，在理解掌握科学知识的基础上学习科学思想和科学方法。

4. 关注选择性。通过配套的材料包，开发了有利于学生自主学习、自主探究的教育资源平台，拓宽学习空间，满足学生多样化的学习需求。该书进一步展示了学习读物要尽可能贴近和呈现真实的学习过程，从而更好地为学生学习和成长服务。

"科学奇又妙"系列图书，是中小学科学课程的优秀选材。这部有思想、有创意、有价值的图书，内容丰富，形式新颖，可操作性和指导性强，将在充分激发青少年好奇心和想象力，提升青少年创新能力方面发挥重要作用，同时为中小学开展并落实科学教育提供可借鉴的案例。这本书的出版，体现了一个智慧型教师勇于探索创新，主动作为，以及对教育的执着与情怀。诚盼作者通过不懈的理论研究和实践探索，不断取得新的成果，推动我国青少年科学教育更上一层楼。

北京师范大学教授、博士生导师　裴娣娜

在地球上，用两米长吸管喝饮料，你能做到吗？

如果想做到，就需要借助科学的力量。首先要了解大气压的原理，然后才能明白如何用科学的力量喝到饮料。这只是本书中的一个小小案例，让你在真实情景中产生疑问，提出猜想，并在实践中去验证猜想，这也正是我们未来解决问题的思路。

在太空站，用两米长吸管喝饮料，你能做到吗？

这个问题我已经设计在"天宫课堂"中了，请大家届时关注。

为了能让本书有很好的代入感，我用两个小学生和一个教师的角色共同展现，"楚汉"和"楚楚"也是生活中我的两个孩子的名字，而在书里化身老师的我，在生活中，学生们更喜欢称呼我为"爱因斯坦苏"。

为了能让广大中小学生充分感受科学的魅力，从小学科学，爱科学，用科学，我将之前在教育教学中生动的案例整理出来，用不同的问题情景进行展现，并将学习中常用的科学思想和科学方法融入情景中，这样既能激发学习兴趣，又能抓住学习的关键点，让孩子们在玩中学，在学中玩，玩出成长，学到知识。

我们在学习科学的过程中，既要注重积累科学知识，又要注重学习科学方法。积累科学知识就相当于我们准备了很多盖楼的砖头，学习科学方法就相当于我们学习如何设计和建造大楼，两者缺一不可。

因此，我认为仅有知识不是力量，有知识且掌握了应用知识的方法才有力量。

如果把知识比作建筑的原材料，那么有哪些"盖房子"的方法呢？在本书中详细介绍了学习中常用的多种方法，比如控制变量法、比值法、放大法、等效替代法等。这些方法对今后各科的学习，尤其对理科的学习至关重要，在科学创新以及生活中也一样能用得上，会了这些方法，你可以盖自己想要的各式各样的"房子"。

那怎么才能学会这些方法呢？这就需要在应用中学习。

　　这好比游泳，教练教了很多姿势，你也很刻苦背会了各种口诀和要领，可是一下水还是像块石头，"扑通"一下就沉了。"我平时不停地背，记，默写，这些都不如我实际动手做一遍"，这是一个学过这门课程的学生的心声。

　　正是：说一千，道一万，不如实践看一看。

　　本书中的实践项目我都亲自动手做过多次，还有一些是"天宫课堂"的内容，而且这些实践环节都和大家的生活紧密相连，采用 PBL（项目式学习）形式展开。做一个弹簧秤、温度计、米尺、天平等，每一个项目都等着你来参与和体验。

　　为了在学习科学的过程中既能"站得高"，又能"看得远"，本书在设计的过程中，始终围绕"为谁培养人，培养什么人，怎么培养人"这几个方面展开，同时关注了评价环节，并将这些内容润物细无声地融入各个主题中，从而进一步实现科学育人。

　　我的两个孩子给了我很多启发和灵感，我的好伙伴们给与我很多帮助。本书的完稿离不开原东城区教工委书记、现中国教育学会主任委员袁为民，原中国科普研究所所长、现中国科协创新研究院院长任福君的帮助和支持，这里一并表示感谢。

　　限于篇幅，还有很多炫酷的实验，有趣的挑战，未能纳入本书，恳请读者朋友多提宝贵意见，以促持续完善。

目录

开启奇妙的
科学探索之旅

楚汉

男生，小学六年级，爱好科学探索、历史文化。在家喜欢自己做科学小实验或者和妹妹一起读书，探索书中的奥秘。

楚楚

女生，小学二年级，可爱大方且问题多多的她是老师的小帮手。平常爱读书，爱打羽毛球，对竹笛也小有研究。

老师

博学多才，热爱科学研究，对新事物具有浓厚的兴趣，擅长用科学实验解决实际问题，将科学应用于生活，善于创新。

第 **1** 课 微信运动排行榜
长度的测量

 情景导入

楚汉每天都会关注微信运动步数排行榜，排名第一的朋友平均能走 10000 步。他对微信步数很好奇，心想：我能不能通过步数推算出朋友走了多少公里呢？

楚汉带着这个疑问来到了奇又妙科学实验室寻求帮助。

每个人在正常行走时，每一步的距离是大致相同的。我们可以粗略估算出成年人的平均步长在 65cm ～ 75cm，用步长乘以步数，不就可以估算出他走了多远了吗？

这方法好啊，我去算一算。

这种方法叫作步量法，是生活中常用的一种长度测量方法。

知识讲解

1. 长度单位的"前世今生"

（1）参照身体部位

古人很早就想到了以身体部位为依据来测量长度，比如成年男子中指的第一节长为一寸，食指和拇指展开的最大间距为一尺。历史上曾经有过许多有趣的测量长度的方法，埃及皇室规定手肘到中指指尖的距离为一腕尺；中国唐代，唐太宗将自己迈出一步的距离定为一尺；而在英国，约翰王曾经将自己的脚长规定为一英尺。

缺点：标准不统一。

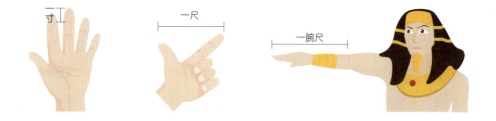

（2）参照自然物

• 黍米

参照身体部位很难获得统一的测量标准，后来人们想到用更加统一的自然物作为参照，比如，中国汉代以 1 粒中等大小的黍米直径作为一分，10 粒黍米排成一排就是一寸，100 粒黍米排成一排就是一尺。

（3）长度标准的确定

· 档案米

国际单位制中的长度单位"米"起源于法国，1791 年，一个由法国科学家组成的特别委员会提出，将通过巴黎的地球经线（子午线）全长的四千万分之一，作为国际标准长度单位，称为 meter，中文译为米。然后用铂杆制成了一根国际米原器，交由法国档案局保管，被称为"档案米"。这就是最早"米"的定义。

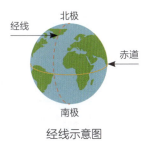

经线示意图

· 米原器

为了便于各国文化、科技交流，1889 年，第一届国际计量大会确定"米原器"为国际长度标准衡器，该衡器精度达到 0.1 微米，也就是千万分之一米。

思考一下，如果让你制作米原器，你会选用什么材料呢？

· 光　速

1983 年 10 月在巴黎召开的第十七届国际计量大会，重新制定米的定义："1 / 299792458 秒的时间间隔内，光在真空中行进的长度"，并沿用至今。

1791 年 — 1983 年，米的确定经历了将近 200 年。

对长度的测量越来越精细，标准越来越统一。

2. 长度单位的发展

① 生活中接触到的长度多数在毫米和米之间，考考你：

1m =（　　）dm　　　1dm =（　　）cm　　　1cm =（　　）mm

② 随着人类对微观世界研究不断深入，微米、纳米等长度单位出现了。1mm（毫米）= 1000μm（微米），1μm（微米）= 1000nm（纳米），举个例子：

· 1μm 约为头发丝直径的 70 分之一

· 1nm 约为头发丝直径的 70000 分之一

③ 随着人类对地球以及宇宙的探索，千米、光年（光在真空中传播一年的距离）等长度单位也出现了。

④ 考考你，你能换算出 1 米等于多少纳米吗？

3. 长度测量工具多种多样

长度单位的发展必然伴随着测量工具的革新，下面介绍多种多样的长度测量工具。

（1）文具袋里的长度测量工具

刻度尺（测量常见的小物体）　　　　三角尺（数学计算和工程制图）

（2）生活中的长度测量工具

卷尺（测量教室等比较长的物体）　　软尺（测量腰围、手腕、胸围等）　　折尺（丈量木材、绘图等）

🔍 实践探究　制作卷尺

拿出材料中的纸带，让我们亲自动手制作一把属于自己的卷尺，制作前先明确几个问题。

- **零刻度线**

零刻度线是测量长度的工具（如直尺、皮尺），线段的刻度的起始点。测量时，人们习惯从零刻度线开始，因此一开始就要设定好零刻度线在哪里，可以从纸带的一端开始画起。

·量　程

纸带的长度决定了它的量程，你可以用刻度尺大概量一下纸带的长度，确定量程。

·精确度

卷尺相邻两刻度线之间的长度叫作精确度，不同测量仪器的精确度不同，比如直尺的精确度是 1 毫米。长度测量工具的选取要根据实际情况而定。精确度并非越小越好，比如你要测量 400 米跑道的长度，就不需要用精确度为 1 毫米的尺子；如果你要测量头发的直径，那就要用精确度为微米的尺子。

（1）卷尺制作步骤

【自备材料】

刻度尺　　　　　铅　笔　　　　　橡　皮　　　　　碳素笔

【本节课材料包】

纸带 1 条

第 1 步：把纸带平铺在桌面上。

第 2 步：用铅笔描出"0"刻度线位置，以刻度尺的刻度作为标准，开始绘制自己的卷尺（温馨提示：可以先用铅笔描线，然后用碳素笔绘制）。

（2）正确使用刻度尺的方法

刻度尺的使用看似简单，但是一些基本的使用规则却是非常重要的，正确地使用刻度尺要注意以下几点：

① 正确放置刻度尺：零刻度线对准被测物体的一端，有刻度线的一边要紧靠被测物体，且与被测物体保持平行，不能歪斜。

② 读数时，视线要正对刻度线。

③ 记录时不但要记录数值，还要注明测量单位。没有单位的记录是毫无意义的。

· 误 差

在测量长度及其他物理量时，受所用仪器和测量方法的限制，测量值与实际值之间总会有差别，这就是误差。我们无法消除误差，但应尽量减小误差。多次测量求平均值、选用精密的测量工具、改进测量方法，都可以减小误差，但无法消除误差。

· 有效数字

测量结果一般都用有效数字表示。例如，测量某长度时测量值是 3.54 cm，由于所用尺子的分度值（最小刻度值）是 1mm，所以测量值中的 3 和 5 是从尺子上准确读出来的，而 4 只能估计得出。这样由准确数字和 1 位估计数字组成的数字，叫作有效数字。

 试着用你做的卷尺测量一下课本的长度。

考考你

1. 北京天安门广场升国旗时，护旗队员每一步行进的距离是（　　）

    A. 75 mm
                    B. 75 cm

    C. 75 dm
                    D. 75 m

2. 用刻度尺测量，物体 A 的长度是 _____ cm。

3. 在学校"运用物理技术破案"趣味游戏活动中，小明根据"通常情况下，人站立时身高大约是脚长的 7 倍"，这一常识，推测留下图中脚印的"犯罪嫌疑人"的身高约为（　　）

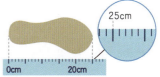

    A. 1.65 m
                    B. 1.75 m

    C. 1.85 m
                    D. 1.95 m

4. 关于误差，下列说法中正确的是（　　）

    A. 多次测量取平均值可以避免误差

    B. 采用更加精密的测量仪器，就可以避免误差

    C. 在测量过程中如果遵守测量仪器的使用规则，就不会造成实验的误差

    D. 随着科学技术的不断发展，减小误差的方法越来越多，但是都不能绝对避免误差

5. PM2.5 一般指大气中直径小于或等于 2.5 μm 的细颗粒物，其在空气中含量浓度越高，就代表空气污染越严重。PM2.5 隐藏在空气的浮尘中，容易被人吸入肺部，对人体健康造成危害。下列关于 PM2.5 颗粒物直径的单位换算正确的是（　　）

    A. 2.5 μm = 0.25 mm

    B. 2.5 μm = 0.025 mm

    C. 2.5 μm = 0.0025 mm

    D. 2.5 μm = 0.00025 mm

参考答案： 1. B   2. 3.15 cm   3. B   4. D   5. C

生活应用

随着技术的进步，长距离测量可以使用激光测距仪。脉冲式激光测距仪在工作时向目标发射一束脉冲激光，由光电元件接收目标反射的激光束，再通过定时器测定激光束从发射到接收的时间，从而计算出从测距仪到目标的距离。

总结提升

1. 知识和概念

① 长度单位的发展历史及统一标准的重要性。

② 米制单位的换算规则。

③ 常见测量工具的分类和应用。

2. 态度与责任

从微观到宏观，测量工具的发展打开了人类的视野。这也提醒着我们可以从不同的角度思考问题、解释问题，从多个角度认识事物，可能会有新的收获。

实验报告

课题名称 **如何做一把卷尺**

姓名：_____   日期：_____

① **长度的单位及换算关系**

1m = _____ dm   1dm = _____ cm   1cm = _____ mm

1mm = _____ μm   1μm = _____ nm

② **卷尺的设计因素有哪些？**

_____

③ **正确使用刻度尺测量的关键**

_____

④ **误差是指** _____

减少误差的常见方法有 _____

⑤ **课后作业**

利用自己制作的卷尺，测量水杯的直径。记得将你的结果拍照或者录制视频上传打卡哦。

第2课 测量光阴
时间的奥秘

 情景导入

 "一寸光阴一寸金，寸金难买寸光阴"，这里的"一寸光阴"是什么意思呢？

"一寸光阴"其实说的是时间，古人将物体在光的照射下形成的阴影叫作光阴。我们可以通过判断阴影移动距离的长短，来推测时间流逝的长短，"一寸光阴"就是阴影移动一寸所用的时间，这是古人计时的一种方法。

 这种方法真的很巧妙，但是晚上怎么办呢？

这种方法优点在于简单方便，但是缺点就在于它对光线依赖很大，夜间就无法计时了，只能采取其他的计时方法。

1. 古人计时的常见方式

公鸡打鸣

一炷香的时间

一盏茶的时间

2. 日　晷

·原　理

利用日影的位置来确定时间，它是我国古代使用的一种计时仪器。

·优缺点

优点：制作简单。

缺点：对光线依赖度高；不便于携带。

日　晷

3. 铜壶滴漏

·原　理

古代的一种计时方法，水滴下落的时间间隔相等，通过铜壶中水位的变化确定时间。

·优缺点

优点：不受日照以及大气的影响，可用于晚上计时。

缺点：随着水位变化，水滴下落的时间间隔发生变化，计时误差变大。

·改　进

① 控制铜壶中水位高度不变，减少水位变化对计时产生的影响。

② 提升接水容器的计量精度。

铜壶滴漏

4. 摆 钟

·原 理

摆锤来回运动一次所用的时间不变，累计摆锤运动的时间，可以用来计时。

摆 钟

·优缺点

优点：计时精准，误差小。

缺点：体积较大，不易随身携带。

5. 总 结

计时方式不断变革，计时精度逐步提高。

实践探究

在亲手制作一个属于自己的摆钟之前，需要先了解摆钟的结构和摆钟周期。

·结构说明

计时表盘

摆锤

·周期说明

① 为了方便介绍周期，我们将摆钟简化为如下模型。小球由 A 点下落，经过 B 点到达 C 点，再返回 B 点，最终回到 A 点的过程记为一个周期。

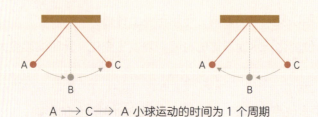

A ⟶ C ⟶ A 小球运动的时间为 1 个周期

② 小球每次下落必然经过最低点 B，我们可以通过记录小球经过最低点 B 的次数来记录周期，连续两次经过 B 点的时间记为一个周期。

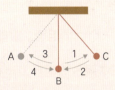

C ⟶ B ⟶ A ⟶ B 可作为 1 个周期，B ⟶ C ⟶ A ⟶ B 也可作为 1 个周期

摆钟有大有小，每个摆钟摆动周期都是一样的吗？让我们利用简易的摆钟模型，来探究摆钟周期的影响因素吧。

· **制作摆钟模型**

【自备材料】   【本节课材料包】

刻度尺   细线 2 根

【公共材料】

秒表 1 个   木架台 1 个   橡皮泥 1 块   可拆分塑料球 2 个

第 1 步：用可拆分塑料球将细线夹紧，防止小球滑落。

第 2 步：把细线的另一端固定在木架台的横梁上。

你猜想摆钟的周期和哪些因素有关？

🔍 实践探究 1　摆钟周期与重物重量的关系

第 1 步：取两根 30 cm 长，材质相同的摆线。

第 2 步：两根摆线的下端各系一个大小相等、重量不同的小球。

第 3 步：将摆线的上端固定在木架台的横杆上，将两个小球拉至同一角度，同时释放。

第 4 步：分别记录两个小球各自连续经过最低点 60 次（2 次为一周期）的总时间，用总时间除以 30，计算出一个周期的平均时间。

重　量 ＼ 周　期	30 个周期总时间（s）	平均 1 个周期时间（s）
A		
B		

实验结论： _____

🔍 实践探究 2　摆钟周期与摆角的关系

第 1 步：取两根 30 cm 长，材质相同的摆线。

第 2 步：两根摆线的下端各系一个大小相等、重量相同的小球。

第 3 步：将两个小球拉至不同角度释放，保证拉开角度始终较小。

第 4 步：分别记录两个小球各自连续经过最低点 60 次（2 次为一周期）的总时间，用总时间除以 30，计算出一个周期的平均时间。

摆角 ＼ 周期	30 个周期总时间（s）	平均 1 个周期时间（s）
摆角 1		
摆角 2		

实验结论：＿＿＿＿＿＿＿＿＿＿＿＿＿＿＿＿＿＿＿＿

🔍 实践探究 3　摆钟周期与摆长的关系

第 1 步：取两根摆线，长度分别为 30 cm 和 20 cm。

第 2 步：两根摆线下端各系一个大小相等、重量相同的小球。

第 3 步：将两个小球拉至同一较小角度，下落。

第 4 步：分别记录两个小球各自连续经过最低点 60 次（2 次为一周期）的总时间，用总时间除以 30，计算出一个周期时间。

摆长 ＼ 周期	30 个周期总时间（s）	平均 1 个周期时间（s）
30 cm		
20 cm		

实验结论：＿＿＿＿＿＿＿＿＿＿＿＿＿＿＿＿＿＿＿＿

结论：摆钟周期只和摆长有关，和重物重量以及摆角都无关。

考考你

1. 关于摆钟周期，以下说法正确的是（　　）

A. 摆线越长，周期越长

B. 摆球重量越大，周期越长

C. 摆角越大，周期越长

D. 摆钟周期和以上因素都有关

2. 以下几种工具属于古代计时工具的有（　　）

A. 日晷　　　　B. 铜壶滴漏　　　　C. 沙漏　　　　D. 以上都是

3. 从最低点开始计时，小球连续经过最低点 40 次，小球经历了多少个周期？（　　）

A. 30　　　　B. 20　　　　C. 40　　　　D. 以上都不对

参考答案：1. A　　　2. D　　　3. B

生活应用

· **现代计时工具**

石英表　　　　　电子表　　　　　秒　表

共同特点：
准确便捷

目前人们常用的钟表，计时精度高的每年大约会有 1 分钟的误差。这对日常生活没有影响，但是在卫星通信领域，1 秒的误差就有可能导致几千米的定位偏差，造成重大失误。

目前世界上最准确的计时工具是原子钟。原子钟是利用原子吸收或释放能量时发出的电磁波来计时的，精度可以达到每 2000 万年才误差 1 秒，这为天文、航海、宇宙航行提供了强有力的保障。

总结提升

1. 知识和概念

① 小球加细线组成的摆钟系统可以用来计时。

② 摆钟系统的周期与摆线的长短有关系，与小球的重量和摆角都没有关系。

2. 方　法

今天我们利用控制变量法，首先控制摆长和摆角不变，通过改变重物重量来探究周期与重物重量的关系；然后控制摆长和重物重量不变，通过改变摆角大小，探究周期与摆角的关系；最后，控制重物重量和摆角不变，通过改变摆长，探究周期与摆长的关系。

在今后的课程中，我们还会经常用到控制变量法，让我们慢慢体会吧。

3. 态度与责任

一寸光阴一寸金，寸金难买寸光阴，通过本节课学习，同学们要学会珍惜时间哦！

实验报告

课题名称 | **如何做一个摆钟**

姓名：_____ 日期：_____

❶ 摆钟周期与哪些因素有关？

_____

❷ 实践探究1 摆钟周期与重物重量的关系

重 量 ＼ 周 期	30 个周期总时间（s）	平均 1 个周期时间（s）
A		
B		

根据实验数据得出结论：

_____

❸ 实践探究2 摆钟周期与摆角的关系

摆 角 ＼ 周 期	30 个周期总时间（s）	平均 1 个周期时间（s）
摆角 1		
摆角 2		

根据实验数据得出结论：

_____

④ **实践探究 3　摆钟周期与摆长的关系**

摆　长 ＼ 周　期	30 个周期总时间（s）	平均 1 个周期时间（s）
30 cm		
20 cm		

　　根据实验数据得出结论：

_____

⑤ **结　论**

_____

_____

_____

⑥ **课后作业**

　　自己制作一个水杯滴漏，计时 10 分钟；和电子表相比，你的计时工具准确度怎么样？记得将你的结果拍照或录制视频上传打卡哦。

第 3 课 谁是飞人
测量速度

1. 问题引入

楚汉和楚楚在小区里骑自行车，他们都觉得自己骑得很快，于是决定进行一场比赛，比一比到底谁骑得快。但是他们对怎样制定比赛规则产生了疑惑，应该用什么方法来判断谁骑得快谁骑得慢呢？

我俩谁更快呢？

2. 猜想和假设

• 假设 1

楚汉认为他们应该在相同时间内比路程，两人同时出发，计时一分钟，看谁骑的远。

· 假设 2

楚楚却认为他们应该在相同路程内比时间，从门口骑到小公园，看谁用的时间短。

两个人谁也说服不了谁，于是决定去找老师问一问：到底该用什么办法判断谁快谁慢呢？

既然你们对这个问题产生了疑问，那么我们可以将复杂的问题简单化，用小球模拟你们两个人，通过实验来研究这个问题，这样我们就能找到合适的方法了。

知识讲解

· 速 度

在物理学中，为了比较物体运动的快慢，通常采用"在相同时间内比较物体运动路程"的方法，也就是将物体运动的路程除以发生这一运动所用的时间，把路程与时间之比叫速度。

通常用字母 v 表示速度，s 表示路程，t 表示时间，则

$$v = \frac{s}{t}$$

速度是表示物体运动快慢的物理量，在数值上等于物体在单位时间内通过的路程，这个数值越大，表明物体运动得越快（单位时间指的是以某个时间段作为一个单位，这个时间段可以是一秒、一分、一小时等。例如，以一分钟作为时间单位，楚汉单位时间内走了 100 米，那么 5 分钟就走了 500 米）。

速度的单位是由长度单位和时间单位组合而成。在国际单位制中，速度的基本单位是米

每秒，符号是 m/s，这种单位叫作组合单位。在交通运输中，速度的单位也常用千米每小时，符号是 km/h，这两个单位的关系是

$$1\,m/s = 3.6\,km/h$$

你知道"米每秒"是怎样换算成"千米每小时"的吗？

1 千米 = 1000 米

1 小时 = 60 分 = 3600 秒

1 千米每小时 $= 1$ 千米 $\div 1$ 小时 $= 1000$ 米 $\div 3600$ 秒 $= \dfrac{10}{36}$ 米每秒，可得 $1\,m/s = 3.6\,km/h$。

 实践探究

想要比较两个小球运动的快慢，你认为需要观察和测量哪些物理量呢？

实践探究 1 相同时间比路程

【自备材料】

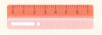

刻度尺

【公共材料】

实心塑料球 1 个　空心塑料球 1 个　斜面轨道 1 个　秒表 1 个　橡皮泥 1 块

两个小球同时从斜面轨道顶端下落，计时 2 秒，观察哪个小球滚动的路程更远。

第 1 步：从所给的材料里拿出斜面轨道。

第 2 步：秒表设置倒计时 2 秒。

第 3 步：将小球 A 和小球 B 放置在斜面轨道顶端，并用刻度尺拦住两个小球不让它们下落。

第 4 步：抬起刻度尺释放小球，观察并记录 2 秒倒计时结束时，哪个小球滚动的路程更远。

实验结论：2 秒倒计时结束时 ＿＿＿ 球滚过的路程更远，所以 ＿＿＿ 球更快。

🔍 实践探究 2　相同路程比时间

【自备材料】

书　　　　　　卷尺

【公共材料】

实心塑料球 1 个　　空心塑料球 1 个　　斜面轨道 1 个　　秒表 1 个

在斜面轨道前方用卷尺量出 60 cm 的长度，并在此处放置一个障碍物。两个小球分别从斜面轨道顶端下落，用秒表记录小球运动到障碍物时的时间。

第 1 步：将小球 A 放置在斜面轨道顶端，释放小球的同时按下秒表，观察并记录小球运动到障碍物的时间。

第 2 步：将小球 B 放置在斜面轨道顶端，沿另一个凹槽释放小球的同时按下秒表，观察并记录小球运动到障碍物的时间。

实验结论： A 球撞到障碍物的时间为 ____，B 球撞到障碍物的时间为 ____，____ 球用时更短，____ 球更快。

· 实验思考

生活中我们经常会用上面两种方法比较物体运动的快慢，比如在 400 米比赛中，观众通常会观察运动员在相同的时间内谁跑的更远，这利用的就是相同时间比距离的方法判断谁快谁慢；而裁判员观察的则是运动员冲过终点的时间，利用的是相同距离比时间的方法判断谁快谁慢。

这两种方法虽然很简单便捷，但是如果两个物体运动的时间和距离都不一样，又该怎样比较它们的快慢呢？比如老师想比较火车和轮船哪个速度快一些，它们一个在地面上一个在水里，出发的时间和地点都不一样，这该怎么判断谁快谁慢呢？

实践探究 3　算一算纸锥和气球的下落速度

用材料包中的长方形纸片围一个纸锥，楚楚和楚汉分别抛起纸锥和气球，发现它们都能以很慢的速度落回地面，但是谁更快谁更慢呢？你能利用手中的材料进行实验，并计算出它们的下落速度吗？

【本节课材料包】

气球 1 个　　　长方形纸片 1 张　　　双面胶 1 条　　　秒表 1 个

请你设计实验，并思考以下几个问题：

① 需要测量哪些物理量？

② 测量工具是什么？

③ 怎样进行测量？

提示：可以通过多次测量求平均值的方式来减少误差。

考考你

在生活中经常需要估测一些物理量，下列估测比较接近实际的是（　　　）

A. 蜗牛的速度大约 1 m/s　　　　　B. 高铁的速度大约 80 km/h

C. 空气中声速大约 500 m/s　　　　D. 运动员百米冲刺的速度大约 10 m/s

参考答案：D

生活应用

• **生活中常见物体的速度**

物　体	速度（m/s）	物　体	速度（m/s）
蜗　牛	约 0.0015	上海磁悬浮列车	可达 120
人（步行）	约 1.1	喷气式客机	约 250
自行车	约 5	超音速歼击机	约 700
高速公路上的小轿车	约 33	子　弹	约 1000
雨　燕	可达 48	同步卫星	3070

• **迈**

我们知道交通工具的常用速度单位是 km/h，也就是"千米每小时"，但是你也经常能听到"速度 70 迈"这样的词，那么"千米每小时"就是"迈"吗？

实际上"迈"是 miles 的中文音译。"迈"的符号为 mph，是 mile per hour 的缩写，即英里每小时，1 迈 = 1.609344 千米 / 小时。

• **马　赫**

战斗机的速度都非常快，这时再用米每秒或千米每小时来描述它的速度就不合适，于是人们用"马赫"来描述它们的速度，比如 1 马赫、3 马赫等，这不由得让我们产生了好奇，1 马赫到底有多快呢？

"马赫"是飞机、导弹、火箭等航空航天飞行器常用的速度单位，它的定义为：飞行器速度和音速的比值。这种表示速度的方式是由奥地利物理学家恩斯特·马赫提出并加以使用的，人们为了纪念这位物理学家，决定用他的名字来为这个速度单位命名。马赫数 1 代表 1 倍音速，即 1 秒行进约 340 米，马赫数 1.2 以上则是超音速。我国国产战斗机歼 -20 就是一款超音速战斗机。

总结提升

1. 知识和概念

① 路程与时间之比叫速度，通常用字母 v 表示速度，s 表示路程，t 表示时间，速度的公式是

$$v = \frac{s}{t}$$

② 速度的基本单位是米每秒，符号是 m/s，在交通运输中，速度的单位也常用千米每小时，符号是 km/h。这两个单位的关系是

$$1\,m/s = 3.6\,km/h$$

2. 方 法

本节通过实验探究理解比较物体运动快慢的方法，应用了比值定义法引出速度的定义，速度是路程和时间的比值。比值定义法是引入物理概念的一个重要方法。

3. 态度与责任

通过解决现实生活中的问题，培养学生学习物理的兴趣，养成探究问题的良好习惯。

实验报告

课题名称　揭秘速度的定义

姓名：_____　日期：_____

❶ 判断物体运动快慢的方法：_____

❷ 实践探究1、2　比一比小球运动的快慢

需要测量哪些物理量？需要用到哪些测量工具？

_____

相同时间比路程		
小球 ＼ 物理量	时间（s）	路程（cm）
A	2s	
B	2s	

相同路程比时间		
小球 ＼ 物理量	时间（s）	路程（cm）
A		60
B		60

根据实验数据得出结论：_____

❸ **实践探究 3　算一算纸锥和气球的下落速度**

① 速度公式是什么？需要测量哪些物理量？需要用到哪些测量工具？

_____

② 可以通过多次测量求平均值的方式来减少误差。

纸锥下落的速度			
次　数 ＼ 物理量	时间（s）	路程（cm）	速度（cm/s）
第一次			
第二次			
第三次			

气球下落的速度			
次　数 ＼ 物理量	时间（s）	路程（cm）	速度（cm/s）
第一次			
第二次			
第三次			

纸锥下落的速度是 _____，气球下落的速度是 _____。

❹ **课后作业：估算速度**

请你运用今天学到的知识，估算自己走路的步速，同时根据微信步数排行榜估算前三名好友的运动速度。记得将你的结果拍照或录制视频上传打卡哦。

第 **4** 课 激发酵母的力量
测量温度

情景导入

楚汉的妈妈在蒸馒头前让楚汉用温水提前化开一些酵母,她告诉楚汉化开酵母最好用 30 ℃ 左右的温水。楚汉很疑惑:为什么化开酵母的温度是 30 ℃ 左右呢?经过询问楚汉得知,水温太低酵母的活性会大大降低,水温太高酵母又容易被"烫死"。可是如何能知道水温是不是 30 ℃ 让他犯了难,于是他来到了奇又妙科学实验室寻求老师的帮助。

老师,我想知道水的温度是不是 30 ℃,妈妈告诉我其实 30 ℃ 就是温水,尝一口或者摸一下碗就大概知道了,这种方法可以吗?

这种凭感觉判断温度的方法并不可靠,因为人的感觉有时候也不准确。想解决这个问题,我们可以一起探究一下。

知识讲解

1. 温 度

物理学中通常用温度来表示物体的冷热程度。热的物体温度高，冷的物体温度低。

常用的温度计量单位是摄氏度，符号是℃。

（1）摄氏度

摄氏度这个名称来源于摄氏温标发明人瑞典著名科学家摄尔修斯的名字，摄氏度的含义是指在 1 标准大气压下，纯净的冰水混合物的温度为 0 摄氏度，水的沸点为 100 摄氏度。0 和 100 摄氏度之间分成 100 等份，每一等份代表 1 摄氏度，简称 1 度。

例如，人的正常体温是"37℃"左右（口腔温度），读作"37 摄氏度"；北京一月份的平均气温是"-4.7℃"，读作"负 4.7 摄氏度"或"零下 4.7 摄氏度"。摄氏度是世界上使用比较广泛的温度标记方法。

（2）华氏度

除了用摄氏度表示温度，还有一种广泛使用的表示温度的方法 —— 华氏度，由德国人华伦·海特制定。华氏温标的单位是华氏度，符号为℉，它将 1 标准大气压下，纯净的冰水混合物的温度定为 32 华氏度，水的沸点温度定为 212 华氏度，中间分为 180 等份，每一等份代表 1 华氏度。

无论是摄氏度还是华氏度，它们都是基于温度计的发明而出现的不同标准的计量单位，那么温度计是怎么发明出来的呢？它的原理又是什么呢？

2. 温度计

（1）温度计的前世今生

· 冷热的概念

冷热的概念早在古代就已经形成了，但是一直没有一个定性的描述。直到 17 世纪上半叶，才开始对冷热进行定量规定，并用仪器对温度进行测量。

进入寒冬，水结冰了；
天气回暖，冰化了

· 伽利略发明气体温度计

发现：历史上第一支温度计是意大利科学家伽利略发明的，据说当时有医生向伽利略寻求帮助，因为人生病的时候体温一般都会升高，医生希望伽利略能想出一个准确测量体温的办法。某天，他在给学生做加热水的实验时想到了一个办法。

原理：他利用热胀冷缩的原理发明了泡状玻璃管温度计。这个温度计的顶端是一个玻璃泡，和它相连的玻璃管中装着有色液体，将玻璃管伸入装有水的容器中来测量温度。它的工作原理是当被测温度的物质（这里是空气）与玻璃泡接触时，玻璃泡内的密闭气体会因为热胀冷缩而发生体积变化，若气温升高，密闭气体体积膨胀，和它相连的玻璃管内的有色液体液面会下降；反之，如果气温降低，密闭气体体积收缩，和它相连的玻璃管内的有色液体液面会上升。

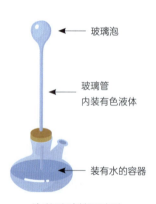

玻璃泡

玻璃管
内装有色液体

装有水的容器

泡状玻璃管温度计

不足：这种气体温度计不精确，液面上升的高度除了受温度影响外，还受大气压强影响。虽然能够读出一定的度数，但是不够精确。

· 从气体温度计到液体温度计

考虑到气体温度计的不足，人们尝试将玻璃管颠倒过来，直接利用水而不是空气的体积变化来测量物体的冷热程度，发明出了第一支用液体作为测温物质的温度计。后来发现水银的膨胀系数更高，即使是很小的温度变化，也会导致管内水银的体积发生明显变化，由此发明了水银温度计，之后的温度计大都是基于液体热胀冷缩的原理设计的。

（2）温度计的原理

· 热胀冷缩

物体有受热时膨胀，遇冷时收缩的特性。例如，夏天给自行车打气不能打太多，车胎内的气体受热会膨胀，如果打气太多，会涨破车胎；电线杆上的电缆到了夏天显得松弛，是因为夏天温度高，电线受热膨胀变长了，到了冬天会绷得较紧，是因为冬天温度低，电线遇冷收缩变短了。这些都是物体热胀冷缩而导致的现象。

夏　天　　　冬　天

温度计就是利用液体热胀冷缩的原理设计的，温度计玻璃泡中的液体一般用水银或酒精，水银或酒精遇热膨胀上移，遇冷收缩下移。这样就可以根据刻度显示出温度了。

思考：为什么测体温的时候要测 5 分钟，2 分钟或者 20 分钟可以吗？如果不可以，那是为什么呢？

遇热液柱热胀液面上升
遇冷液柱冷缩液面下降

实践探究

🔍 实践探究 1　凭感觉判断物体冷热

【自备材料】

热　水　　　冷　水　　　温　水　　　　　　　　碗

准备三个容器（可以是碗或水盆），容器中倒入热水、温水、冷水三种不同温度的水，将两只手洗净后分别放入热水和冷水中。等待一会儿，再把两只手同时放入同一碗温水中。两只手对温水的感觉相同吗？

热水　　　　　　冷水　　　　　　温水

实验结论：＿＿＿＿＿＿＿＿＿＿＿＿＿＿＿＿＿＿＿＿＿＿＿＿＿＿＿

生活中我们经常凭感觉判断一个物体是冷还是热，但这种方法并不准确。要想准确测量温度，首先要了解一些和温度相关的科学知识，如果能自己制作一个温度计，对温度的理解肯定更深刻了。

🔍 实践探究 2　自制简易温度计

【本节课材料包】　　　　　　　　　　　　　　　　【公共材料】

瓶盖打孔的塑料瓶 1 个　　透明吸管 1 根　　橡皮泥 1 块　　色素 1 瓶

要求：

① 利用液体热胀冷缩的原理制作简易温度计。

② 用自制的温度计判断冷水和热水。

思考：

① 怎样设计才能更容易地观察到液面升降？

② 液面的升降和被测物体温度的关系是什么？

第1步：准备一个瓶盖打孔的塑料瓶，在塑料瓶内装满色素水，拧好瓶盖备用。

第2步：将一支透明吸管（吸管越细观察到的现象越明显）插入装满色素水的塑料瓶中。

观察并改进：将塑料瓶放入冷水或热水中观察，你看到吸管中液面下降或上升的现象了吗？思考如何进一步优化温度计，并想办法标识温度计的刻度吧。

考考你

1. 如下页图所示，用温度计分别测量冰和水的温度，那么冰的温度是 _____ ℃，水的温度是 _____ ℃。

2. 小强在用温度计测量烧杯中液体温度时读取了四次数据，每次读数时温度计的位置如下图所示，其中正确的是（　　）。

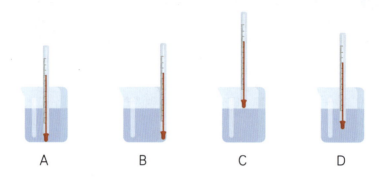

3. 有一支温度计刻度看不清了，请你设计一种重新标出温度计刻度的方法。

参考答案： 1. -22, 38　　　　2. D　　　　3. 在标准大气压下，把温度计先后放入冰水混合物和沸水中，分别标出温度计中液柱达到的位置 A 和 B，A 点标 0℃，B 点标 100℃，两点之间分成 100 等份，画出标线，每条刻度线为 1℃。

生活应用

在生活中，除玻璃温度计外，人们现在更多使用的是电子温度计，例如，防疫工作人员给每个人测温的测温枪和能实时检测人群体温的人体测温设备，它们都属于红外测温装置。

红外线测温的原理是人体每时每刻都在向周围空间发出红外线辐射能量,而红外线辐射能量的大小及其按波长的分布与人体温度有着密切关系,红外线测温装置能够准确检测出人体发出红外线的波长,仪器再根据波长数据分析出人体的温度。

测温枪

总结提升

1. 知识和概念

① 温度是用来表示物体冷热程度的物理量。热的物体温度高,冷的物体温度低。

② 温度的常用单位是摄氏度,符号为℃,摄氏度的定义是 1 标准大气压下,纯净的冰水混合物的温度为 0 ℃,水的沸点为 100 ℃。0 和 100 ℃ 之间分成 100 等份,每一等份代表 1 ℃。

2. 方　法

根据物体热胀冷缩的原理,利用放大法,用细吸管放大液柱高度的变化,就可以制成一个简易温度计。

3. 态度与责任

乐于探索日常用品的物理学原理,乐于参与观察、制作、实验等科学头践活动。

实验报告

课题名称 **如何做一个温度计**

姓名：＿＿＿＿＿＿＿＿＿ 日期：＿＿＿＿＿＿＿＿＿

① 温度和温度计

① 温度是用来表示物体＿＿＿＿＿程度的物理量。热的物体温度＿＿＿＿＿，冷的物体温度＿＿＿＿＿。

② 温度的常用单位是＿＿＿＿＿，符号为＿＿＿＿＿，摄氏度的定义是1标准大气压下，纯净的冰水混合物的温度为＿＿＿＿＿摄氏度，水的沸点为＿＿＿＿＿摄氏度。0和100摄氏度之间分成＿＿＿＿＿等份，每一等份代表＿＿＿＿＿摄氏度。

③ 温度计是根据物体＿＿＿＿＿的原理制成的，膨胀系数越高的物质制成的温度计越灵敏。

② 实践探究1 凭感觉判断物体冷热

一只手伸进冷水，一只手伸进热水，等待一会儿后，将两只手同时伸进同一盆温水中，两只手的感觉一样吗？

热水　　冷水　　温水

实验结论：＿＿＿＿＿＿＿＿＿＿＿＿＿＿＿＿＿＿＿＿＿＿＿＿＿＿＿＿＿

❸ 实践探究 2　自制简易温度计

　　将你的设计图画在下面。

❹ 课后作业

　　你能想一个办法标注自制温度计的刻度吗？记得将你的结果拍照或录制视频上传打卡哦。

第5课 打败跷跷板
天平的奥秘

 情景导入

楚汉和楚楚在玩跷跷板的时候，总是楚汉的那一端往下沉，楚楚想和他打成平手都难。于是，楚楚带着疑问去找老师，想了解这背后有没有什么奥秘？同时她想知道怎样才能改变这种情况。

 知识讲解

跷跷板其实是有科学道理的。我们先观察一下跷跷板的结构，正中间的部位叫作支点，跷跷板围绕着支点摆动。两边到支点的距离是相等的，哪边重，跷跷板哪端就下沉。你压不过哥哥是很正常的。跷跷板背后的奥秘其实是杠杆。

什么是杠杆呢？影响杠杆的平衡因素又有哪些？

和跷跷板类似，杠杆正中间的位置也有一个支点，两边挂重物的地方到支点的距离，一个叫动力臂，另一个叫阻力臂，这只是一个习惯叫法，两者可以互换。如果两边力臂相等，整体就组成了一个等臂杠杆，跷跷板就是一个典型的等臂杠杆。当然还有不等臂杠杆，就是两边到支点的距离不相等，无论哪一种杠杆，最关键的是要学会判断杠杆是否平衡。

我们怎样判断杠杆是否处于平衡状态呢？

· 方法 1　用眼睛观察，根据经验判断

误差比较大。

· 方法 2　自制水平仪 1

取一根长约 10 cm 的塑料吸管，吸管中装有水且两端密封，水柱中间留有一个气泡。当气泡位于吸管正中间时，可以视为杠杆平衡。

· 方法 3　自制水平仪 2

取一根长约 10 cm 的塑料吸管，吸管中放置一个轻质塑料小球且两端密封。当小球处于吸管中间位置且静止不动时，可以视为杠杆平衡。

· 方法 4　画重垂线

① 重力的方向竖直向下，可以在木架台的支点处用细线悬挂一个小球，由于重力的作用，细线竖直向下，细线也被称为重垂线。

② 观察杠杆与重垂线是否垂直，从而判断杠杆是否平衡。

在后面的实践动手环节，你可以选上述方法中的一个，制作一个天平，判断杠杆是否平衡。

 实践探究

问题：影响杠杆平衡的因素有哪些？

用我们材料包里的简易杠杆，进行接下来的探究吧！

【自备材料】

刻度尺　　　　　　　　铅　笔

【本节课材料包】　　　【公共材料】

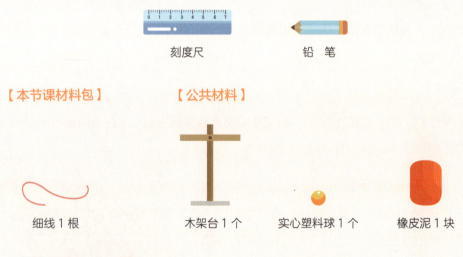

细线 1 根　　木架台 1 个　　实心塑料球 1 个　　橡皮泥 1 块

首先建立杠杆模型。

第 1 步：把木架台上的固定点当作支点，将一根横杆通过正中心圆孔支撑在支点上。

第 2 步：制作水平仪，利用水平仪判断横杆是否水平。

如果不平，可以在横杆一端加上一点橡皮泥，直到横杆水平。如果横杆右端下沉，则应该在横杆的哪端加配重呢？

第 3 步：用刻度尺在横杆支点两边分别测量相同的距离，并做好标记。选取的长度可以根据实际情况调整。

🔍 实践探究 1　力臂对杠杆平衡的影响

【自备材料】

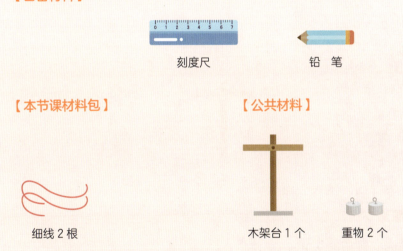

刻度尺　　　　　　　　　铅　笔

【本节课材料包】　　　　　　【公共材料】

细线 2 根　　　　　　　木架台 1 个　　重物 2 个

- **控制变量法**

悬挂物体重量不变。

第 1 步：力臂相等，悬挂物体重量相同。两边力臂均为 8 cm，两边同时悬挂相同物体，观察杠杆是否平衡。

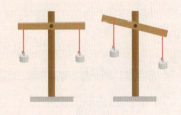

第 2 步：力臂不等，悬挂物体重量相同。左边力臂为 5 cm，右边力臂为 8 cm，两边悬挂相同物体，观察杠杆是否平衡。

实验现象：_____

实验结论：_____

🔍 实践探究 2　悬挂物体重量对杠杆平衡的影响

【自备材料】

刻度尺　　　　　　　　　铅　笔

【本节课材料包】　　　　　　【公共材料】

细线 2 根　　　　　木架台 1 个　　　重物 3 个

• **控制变量法**

两边力臂相等，都调至 5 cm。

第 1 步：力臂相等，悬挂物体重量相同。两边同时悬挂相同物体，观察杠杆是否平衡。

第 2 步：力臂相等，悬挂物体重量不同。一边轻的物体，一边重的物体，观察杠杆是否平衡，若不平衡，哪端下沉呢？

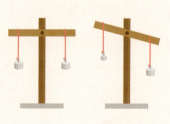

实验现象：_____

实验结论：_____

力臂和物体重量都会影响杠杆的平衡。两边重量相等时，杠杆向力臂长的一端下沉；两边力臂相等时，杠杆向悬挂物体重的一端下沉。

　　生活中的天平就是运用等臂杠杆的原理做出来的。杠杆两边力臂相等，如果两边重物重量也相等，则天平平衡，反之会偏向重的一端。下面就让我们动手做一个属于自己的天平吧。

🔍 实践探究 3　自制天平

【自备材料】

刻度尺　　　　　　　　　　　　铅　笔

【本节课材料包】　　　　　　　【公共材料】

细线 2 根　　塑料杯 2 个　　　木架台 1 个　　橡皮泥 1 块　　重物 3 个

　　第 1 步：在木架台的横梁上，以支点为起始点，两边量取相同距离的点，长度适中。

　　第 2 步：用细线和塑料杯制作托盘，悬挂在横梁两端，两边力臂要相等。

　　第 3 步：测试天平是否平衡，若不平衡，可以用橡皮泥作为配重进行微调。

第 4 步：利用标准重物制作一套砝码系统，用于测量多种重量的物体。

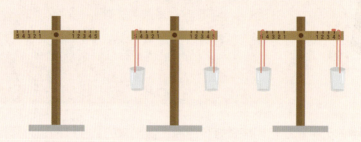

快用自己做的天平去称一下身边物体的重量吧。

楚楚，你现在明白为什么你总是被翘起来了吧！

明白了。那有什么好办法能让我这一端下沉打败他吗？

让哥哥坐的位置更靠近中点，你就能把他翘起来了。

· 杠杆的种类

当哥哥靠近中点时，此时形成的是不等臂杠杆，并且动力臂大于阻力臂，又称省力杠杆，但同时费距离，比如生活中常用的扳手、开（啤酒）瓶器，都属于省力杠杆。

如果动力臂小于阻力臂，这类杠杆就是费力杠杆，比如镊子、鱼竿。你能指出鱼竿的动力臂和阻力臂吗？

考考你

1. 下面有关杠杆的几种说法，不正确的是（　　）

　A. 动力臂大于阻力臂的杠杆称之为省力杠杆

　B. 阻力臂较长的杠杆是费力杠杆

　C. 省力杠杆在省力的同时费距离

　D. 费力杠杆在费力的同时省距离

2. 如右图所示，起瓶器开启瓶盖时，可以看作（　　）

　A. 以 B 点为支点的费力杠杆

　B. 以 B 点为支点的省力杠杆

　C. 以 A 点为支点的费力杠杆

　D. 以 A 点为支点的省力杠杆

3.（多选题）在下列日常生活使用的工具中：

　① 省力杠杆有（　　）

　② 费力杠杆有（　　）

　③ 既不省力也不费力的杠杆有（　　）

　A. 指甲刀　　　　　B. 天平　　　　　C. 筷子

　D. 钓鱼竿　　　　　E. 跷跷板　　　　F. 扳手

4. 两个小孩坐在跷跷板上，当跷跷板处于平衡时（　　）

　A. 两个小孩的重力一定相等

　B. 两个小孩到支点的距离一定相等

　C. 轻的小孩离支点近一些

　D. 重的小孩离支点近一些

参考答案： 1. B　　　2. D　　　3.① A、F　② C、D　③ B、E　　　4. D

生活应用

• 生活中常用的称量工具

生活中根据不同的称量需求，可以采用合适的称量工具。到菜市场买菜，售货员要称蔬菜水果的重量，常用弹簧秤、电子秤，有些商场还会使用案秤。在学校的实验室称量实验用品，常用天平。

弹簧秤

电子秤

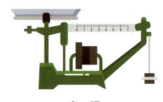

案 秤

早在公元前 1500 多年，埃及人就已经使用天平。根据古埃及的壁画，我们就可以了解天平最早的样子。这种天平是在一根竖棍中间钻孔，再横穿一根直棍，在棍的两端用绳子各挂一个盘子。古埃及的天平虽然做得很粗糙，但是已经具有现代天平的基本结构。

而在中国古代，测量重量的器具被称为"衡器"。夏朝，人们使用权衡作为称量器具，"权"相当于砝码，"衡"相当于杠杆。考古发掘的最早的秤是战国时期楚墓中的木衡与环权，相当于等臂杠杆。在衡的正中有一小孔用作支点，在支点两端各悬有挂钩，一边挂物品，一边挂权。每一个衡都配有一组权，权的重量逐一递增，可以借此称出不同重量。

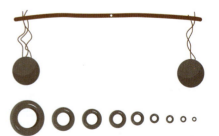

总结提升

1. 知识和概念

① 影响杠杆平衡的因素有：力臂和悬挂物体的重量。

② 判断杠杆平衡的方法有多种，自己根据实际情况制作水平仪。

2. 方　　法

本节课我们通过控制变量法，得出影响杠杆平衡的因素，让实验更准确。控制变量法就像一把利器，让很多复杂问题变得清晰明了。

3. 态度与责任

天平是公平的象征，法院专用的徽章就是天平图案。我们只有遵守公平公正的原则，社会才会更加和谐。

实验报告

课题名称　　**如何做一个天平**

姓名：_____　　　日期：_____

❶ 猜想：影响杠杆平衡的因素有哪些？

_____

❷ 实践探究1　力臂对杠杆平衡的影响

结论：_____

_____

_____

❸ 实践探究2　悬挂物体重量对杠杆平衡的影响

结论：_____

_____

_____

❹ 实践探究3　自制天平

⑤ 总 结

_____

_____

_____

⑥ 课后作业

① 利用自制的天平和砝码，测量不同文具的重量。

② 如果天平两边到支点的距离不相等，如何使用天平进行称重呢？

设计探究不等臂杠杆称量物体重量的方案，完成下表。

力臂1（cm）	悬挂物体重量（g）	力臂2（cm）	悬挂物体重量（g）
2	60	6	20
3	40	4	30
5	24	5	?
6	20	10	?
12	?	20	6

记得将你的结果拍照或录制视频上传打卡哦。

第6课 牛顿的弹簧秤
探索弹力

 情景导入

楚汉在买水果的时候，发现一种特殊的称量工具，由一个挂钩和刻度盘组成。他之前没见过，于是去问老师。

 你说的是弹簧秤，因为小巧，便于携带，生活中使用很普遍。

那弹簧秤的工作原理是什么呢？

 知识讲解

弹簧秤的原理和物体的形变有关。物体的形变分为弹性形变和塑性形变。

弹簧、橡皮筋等物体，在受力时发生形变，不受力时又恢复到原来的形状，物体的这

种形变叫作弹性形变。

原　状　　　　施加外力产生形变　　　停止用力形变消失

有些物体，如橡皮泥，形变后不能自动恢复到原来的形状，物体的这种形变叫作塑性形变。

弹簧秤之所以选用弹簧，就是因为弹簧具有良好的弹性，发生弹性形变后，能恢复到原来的形状。

弹簧一端在重力的作用下，弹簧被拉长，产生拉力。

重力的方向是竖直向下的，弹簧被拉长时弹簧的拉力是竖直向上的，这两个力就像一对拔河兄弟，弹簧秤保持平衡状态时，重力和拉力大小相等，方向相反。所以通过弹簧的拉力就可以得出物体的重力。

你可能会产生疑问，弹簧秤显示的明明是物体重力，为什么我们却能得到物体的重量呢？

这就需要我们理清楚重力、重量和质量三者的关系。重力的常用单位是牛顿，简称牛，用字母 N 表示，是为了纪念伟大的物理学家牛顿。质量的常用单位是千克，用字母 kg 表示。口语中我们经常会把质量说成重量，两者意思相同。但重量和重力之间是可以相互转化的，地球上1 千克物体所受到的重力大概是质量的 10 倍。所以只要把弹簧秤测出的物体重力数值除以 10，就可以得到物体的重量了。

物体的弹性有一定的限度，超过这个限度物体就不能

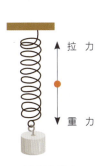

重力和拉力

1.5 kg

重量 3 斤

芹菜的质量是 1.5 kg

限度内　　超出限度

恢复到原来的形状，使用弹簧时不能超过它的弹性限度，否则会损坏弹簧。这也就是为什么弹簧秤都有明确的量程要求。

实践探究

🔍 实践探究 1　弹簧伸长量与悬挂物体重量的关系

【自备材料】

刻度尺　　　　　　　橡　皮

【本节课材料包】　　　　　【公共材料】

弹簧 1 个　　　　　木架台 1 个　　　重物 6 个

① 我们需要有不同重量的物体，测量悬挂重物前后弹簧的伸长量。

② 不同重量的物体可以用之前课上做的标准砝码来代替。

③ 弹簧伸长量是指弹簧拉长后的长度减去原始长度（原长）。

第 1 步：把弹簧固定在木架台上，测量弹簧两端的距离，即原长。

第 2 步：在弹簧下端挂 5 g 重物，用刻度尺测量并记录弹簧长度。

第 3 步：在弹簧下端挂 10 g 重物，用刻度尺测量并记录弹簧长度。

第 4 步：在弹簧下端挂 15 g 重物，用刻度尺测量并记录弹簧长度。

第 5 步：在弹簧下端挂 20 g 重物，用刻度尺测量并记录弹簧长度。

第6步： 在弹簧下端挂 25 g 重物，用刻度尺测量并记录弹簧长度。

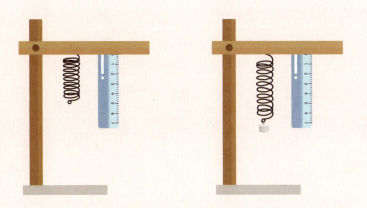

用弹簧拉长后的长度减去原长，计算每个重物对应的弹簧伸长量。

重物重量（g）	弹簧长度（cm）	伸长量（cm）

实验结论： 物体每增加 _____ g，弹簧长度就增加 _____ cm，随着悬挂物体重量的增加，_____

_____。（这个规律牛顿曾做过很深入的研究）

刚才我们是用表格记录的方式处理数据，为了更加直观地展示实验数据，我们还可以用制图的方式，更直观地处理数据。

• 图像法

① 横轴是悬挂物体的重量（单位 g），纵轴为弹簧的伸长量（单位 cm）。

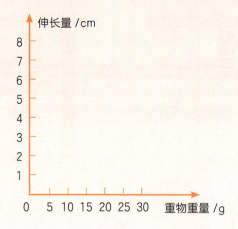

② 描点制图：根据实验数据分别向横轴和纵轴画垂线（用虚线表示）。

③ 根据实验数据点画一条直线，让尽可能多的点都在直线上，不在直线上的点尽量分布在直线两侧。

④ 通过已知数据做出直线后，就可以推算出未知实验情况，实现了做实验的目的，从已知拓展到未知。

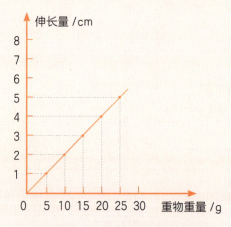

注：图中数据仅供参考，实际数据以实验结果为准

🔍 实践探究 2 制作简易弹簧秤

【自备材料】

刻度尺　　　　　　橡　皮　　　　　　硬纸片

【本节课材料包】　　　　　　　　　　　　　　　　　　【公共材料】

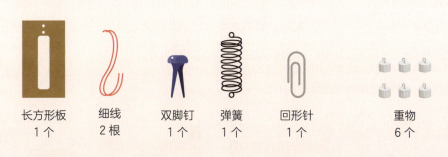

长方形板　细线　双脚钉　弹簧　回形针　　　　　重物
1 个　　　2 根　　1 个　　1 个　　1 个　　　　　6 个

• 制作步骤

第 1 步：固定拉环，将细绳穿进长方形板上面的小孔内（图 1）。

第 2 步：固定弹簧，将弹簧上端圆孔与长方形板上端的圆孔对齐，将双脚钉穿过圆孔，在背面分开双脚钉两脚，固定弹簧，防止滑落（图 2）。

第 3 步：固定挂钩，将曲别针折成弯钩形状，固定在细线一端。细线另一端穿过木板底部的圆孔，固定在弹簧下端的圆孔处（图 3）。

第 4 步：制作指针，用剪刀将硬纸片裁成长约 2 cm 的指针（图 4）。

图 1　　　图 2

图 3　　　图 4

第 5 步：固定指针，将制作好的指针，固定在弹簧下端，指针末端保持水平（图 5）。

第 6 步：绘制刻度（图 6）。

① 将弹簧秤挂在木架台的横梁上，未挂物体前，指针处即为零刻度线所在位置。分别挂上 5 g、10 g、15 g、20 g、25 g 的物体，在指针末端的对应位置做好标记。

② 把相应的数据记录在长方形板的一侧，以克为单位，然后将重量转换成对应的力。方法是先把克转换成千克，再把数字扩大 10 倍。比如，50 g = 0.05 kg，对应 0.5 N（牛顿），同理，100 g 对应 1N、200 g 对应 2N。

③ 在长方形板的另一侧，对应画出重力的刻度值。

到此，简易弹簧秤就做好了。

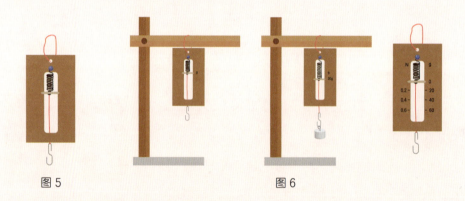

图 5　　　　　　　　　　　　　　　图 6

• **弹簧秤的使用**

① 观察弹簧秤的量程，并认清每一小格代表多少克。

② 测量前，观察弹簧秤的指针是否指向零刻度线，如果没有则需要调零。

③ 用手拉弹簧秤的挂钩，感受不同拉力的大小，看指针是否活动自如。

④ 用弹簧秤测量身边物体的重量，注意不要超过量程。

⑤ 在读数时视线要与刻度线正对。

考考你

1. "橡皮泥上留下漂亮的指印"和"跳板被跳水运动员压弯" 这两个现象，发生的是不是弹性形变？说说你的理由 。

_____

2. 使用弹簧秤时，下列说法中错误的是（   ）

　A. 弹簧秤必须竖直放置，不得倾斜

　B. 使用前必须检查指针是否指零

　C. 使用前，弹簧、指针、挂钩不能与外壳摩擦

　D. 使用时必须注意所测重量不能超过弹簧秤的量程

3. 使用弹簧秤前，应来回拉动几下挂钩，目的是（   ）

　A. 看每次指针是否都能回到零刻度线　　　　B. 看弹簧是否有良好的弹性

　C. 看弹簧是否有与外壳相碰、伸缩不灵的现象　　D. 以上都是

> **参考答案：**1. 橡皮泥留下漂亮的指印是塑性形变，跳板被跳水运动员压弯是弹性
> 　　　　　　形变　　　　2. A　　　　3. D

生活应用

　　弹簧秤分为两种：拉力式弹簧秤和压力式弹簧秤。我们今天所做的简易弹簧秤是拉力式弹簧秤，可以称量轻巧物体，比如蔬菜、水果等。但是，如果要称量重的物体就不方便了。这就需要压力式弹簧秤来帮忙，比如称量人体体重或重的蔬菜、水果等。随着技术的发展，电子秤已经得到普及，称重变得更加便捷。

　　你可以利用自己做的简易弹簧秤，实际测量生活中的常见物品，比如一块橡皮的重量。

1. 知识和概念

① 弹性形变与塑性形变。

② 重力、重量、质量。

③ 弹簧伸长量与悬挂物体重量的关系。

2. 方　法

今天我们运用控制变量法探究了不同重量物体与弹簧伸长量的变化关系。通过图像分析法，我们可以更加形象地处理数据信息，找到规律。图像分析法是一种重要的数据分析方法，形象直观。

3. 态度与责任

困难像弹簧，你强它就弱，你弱它就强。只要有克服困难的决心，找对方法，困难就会迎刃而解。

实验报告

| 课题名称 | 如何做一个简易弹簧秤 |

姓名：_____ 日期：_____

① 猜想：弹簧的伸长量与悬挂物体重量之间有什么关系？

_____

② 实践探究 1　弹簧伸长量与悬挂物体重量的关系

重物重量 （g）	弹簧长度 （cm）	伸长量 （cm）

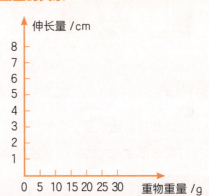

结论：_____

③ 实践探究 2　制作简易弹簧秤

④ 课后作业

　　① 用自己制作的简易弹簧秤，称量一块橡皮的重量，记得将你的结果拍照或录制视频上传打卡哦。

　　② 思考：如果物体的重量落在相邻刻度线中间怎么办？如果称量物体的重量超出了测量范围，弹簧秤应该换一个什么样的弹簧更合适呢？

情景导入

1. 问题引入

　　楚汉的奶奶在旅游途中买了几枚纪念币，据卖家说是纯金的，大家都说奶奶被骗了，但是她觉得这纪念币金灿灿的，一定是真的。于是楚汉和楚楚决定帮助奶奶测试一下这些纪念币到底是真的还是假的。

2. 猜想和假设

• 猜想 1

楚汉听说金子质地柔软，根据这一特性人们经常用金子制作首饰。他想可不可以通过折一下或者咬一下，看看金币是否能变形，从而判断金币的真假。楚汉用力折一下金币，结果根本折不动。

• 猜想 2

楚楚听妈妈说金子的颜色都是金黄色的，楚楚想能不能通过颜色的对比来判断金币的真假。她把妈妈的金手镯拿出来和金币仔细对比，发现它们都是金黄色的，根本区分不出来。

• 猜想 3

楚汉听说真金不怕火炼，说明金子的熔点非常高，放在火中也不会融化。于是他打算把金币放进火里烧一烧，如果金币融化了，就可以说明金币是假的。但是这种做法太危险，楚汉被大家阻止了。

• 猜想 4

楚楚听说金子都很沉，她想通过比较重量的方法来判断金币的真假。于是她找来妈妈的金镯子，分别掂了掂金镯子和金币，比较它们的重量。但是妈妈告诉她，金镯子和这些金币本身重量就不一样，这样对比没有实际意义。

他们发现用观察或对比的方法不能辨别出金币的真假。
用什么方法才能辨别出这些金币的真假呢？楚汉和楚楚感到很为难。

知识讲解

（1）阿基米德的故事

古希腊时期的物理学家阿基米德也遇到过类似的难题。当时的国王让工匠给他打造了一顶纯金的皇冠，但是他怀疑皇冠并非纯金打造，而是被工匠掺了假。于是国王命令阿基米德来鉴定这顶皇冠的真假。阿基米德想了很久，也没有想到办法。有一天他洗澡的时候，观察到身体浸入水中后有很多水溢了出来，突然他想到了一个可以证明皇冠真假的好方法。

于是，阿基米德提出了这样一个重要的假设：如果皇冠是由纯金制成的，那么质量相等的金块和皇冠体积也一定相等。如果皇冠中掺假，那么两者的体积一定不相等。

- **实验1**

质量相等的木块和铁块，木块的体积大，铁块的体积小。

- **实验2**

体积相等的木块和铁块，木块的质量小，铁块的质量大。

90g 5g

如果我也想用阿基米德的方法辨别金币的真假，是不是需要找到一个和金币质量相同的纯金块来比较它们体积的大小呢？

不用那么麻烦，还记得我们在速度那节课中用到过的"比值定义法"吗？在这节课中我们是不是也可以利用这种方法呢？

（2）密度的定义

用质量比体积会得到一个数字，代表这种物质单位体积的质量，同一种物质的质量与体积的比值是一定的，物质不同，其比值一般也不同。在物理学中，我们把这个比值叫作密度。密度是物质本身的一种特性，与物体的质量、体积无关。

（3）密度的单位和公式

如果用 ρ（读作 rou）表示密度、m 表示质量、V 表示体积，那么密度公式就是

$$\rho = \frac{m}{V}$$

密度在数值上等于物体单位体积的质量，密度 ρ 的单位是由质量单位和体积单位组成的。在国际单位制中，密度的基本单位是千克每立方米，符号是 kg/m^3。有时也用克每立方厘米作为密度的单位，符号是 g/cm^3。这两个密度单位的关系是

$$1g/cm^3 = 1 \times 10^3 kg/m^3$$

（4）生活中常见物体的密度

一些固体的密度（常温常压）			
物 质	密度（kg/m^3）	物 质	密度（kg/m^3）
铂	21.4×10^3	铝	2.7×10^3
金	19.3×10^3	花岗岩	$(2.6 \sim 2.8) \times 10^3$
铅	11.3×10^3	砖	$(1.4 \sim 2.2) \times 10^3$
银	10.5×10^3	冰（0℃）	0.9×10^3
铜	8.9×10^3	蜡	0.9×10^3
铁、钢	7.9×10^3	甘松木	0.5×10^3

一些液体的密度（常温常压）			
物　质	密度（kg/m³）	物　质	密度（kg/m³）
水　银	13.6×10^3	植物油	0.9×10^3
硫　酸	1.8×10^3	煤　油	0.8×10^3
海　水	1.03×10^3	酒　精	0.8×10^3
纯　水	1.0×10^3	汽　油	0.71×10^3

一些气体的密度（0 ℃，标准大气压）			
物　质	密度（kg/m³）	物　质	密度（kg/m³）
二氧化碳	1.98	一氧化碳	1.25
氧	1.43	氦	0.18
空　气	1.29	氢	0.09

实践探究

 ## 实践探究1　认识量筒

【自备材料】　　　　【本节课材料包】　　　　【公共材料】

水

弹珠 1 颗

25 ml 量筒 1 个

根据前面的表格我们可知，纯金的密度是 19.3 g/cm³，你能利用密度的公式设计一个实验，验证奶奶买的金币到底是不是真的吗？

为了能够测量金币的体积，我们首先认识一种测体积的仪器 —— 量筒。

我们先尝试用量筒测量一块弹珠的体积，首先思考以下几个问题：

① 量筒是以什么单位标度的？

② 毫升（ml）和立方厘米（cm³）的关系是什么？

③ 这个量筒最大测量体积是多少？可以精确到几毫升？

④ 下图中画出了使用量筒读数时的几种做法，哪种做法是正确的？哪种是错误的？错在哪里？

利用量筒测出弹珠的体积是多少？

他们决定用对比金币和纯金密度的方法判断金币真假，但是在测量中发现金币太大，无法放入量筒中，应该怎么办呢？

🔍 实践探究 2　探究金币的真假

【自备材料】

水

水彩笔

【本节课材料包】　　　　　　　　【公共材料】

金币 1 枚　　20 ml 塑料杯 1 个　　　25 ml 量筒 1 个　　100 ml 塑料烧杯 1 个

- 溢水法

① 将水恰好加到即将溢出烧杯的程度。

② 将金币浸没其中，溢出水的体积即为金币的体积。

体积（cm³）

• 加水法

① 将金币完全浸没于烧杯内的水中，做标记后取出金币。

② 取出一个量筒，向量筒内倒入一定体积的水，读出读数。将量筒内的水倒入烧杯中，直至水面高度达到金币完全浸没于水中时的标记处。

③ 再次读出量筒内剩余水的体积，两个体积的差就是金币的体积。

量筒内原有水的体积（cm³）	量筒内后来水的体积（cm³）	金币的体积（cm³）

① 利用称量工具测出金币的质量，你能根据质量和体积算出这枚金币的密度吗？

② 你得出的结论是什么？

③ 奶奶买的金币是真的吗？

④ 纯金的密度：$\rho = 19.3\,g/cm^3$

考考你

1. 某块金属的质量是 6750 kg，体积是 2.5 m³，这块金属的密度是多少？若将这块金属截去 $\frac{2}{3}$，剩余金属的密度是多少？

_____

2. 铁的密度是 7.8×10³ kg/m³，20 dm³ 的铁块的质量是多少？（注意单位换算）

_____

参考答案： 1. 2.7×10³ kg/m³   2. 156 kg

生活应用

知道了密度的特性之后我们就可以解释很多生活中的现象。比如油的密度比水小，油就可以浮在水面上；人的密度比水大一些，所以人无法浮在水面上，但是为什么在死海人就可以浮在水面上呢？那是因为死海的水中含有大量的盐，增加了水的密度，水的密度比人的密度大，人自然就浮在水面上了。

除了可以解释生活中的现象之外，密度还经常用于农业选种。盐水选种是我国古代劳动人民发明的一种巧妙的挑选种子的方法。各种庄稼的种子，都有一定密度。如长得很饱满的小麦种子，密度超过 1.2×10^3 kg/m³，会下沉到盐水的底部；干瘪的和被虫子蛀坏的种子的密度则比饱满种子的密度小得多，会浮在盐水上面。

水冻成冰体积会变大，水的密度是 1.0×10^3 kg/cm³，冰的密度是 0.9×10^3 kg/cm³，所以一定质量的水凝固成冰后，由于质量不变，而密度减小，体积会变大为原来的 $\frac{10}{9}$。因此，放进冰箱中冷冻的饮品千万不能太满哦。

总结提升

1. 知识和概念

密度等于物体的质量除以体积，是物质本身的一种特性。用字母 ρ 表示密度，m 表示质量，V 表示体积，密度的公式为

$$\rho = \frac{m}{V}$$

2. 方 法

利用比值定义法，通过实践探究理解密度的定义：同种物质质量与体积的比值不变，密度是物质的本质特性。也就是说，由相同物质构成的物体，如果体积大，质量也大；如果体积小，质量也小。

3. 态度与责任

通过解决现实生活中的问题，培养学生学习物理的兴趣，养成勤于探究问题的良好习惯。

实验报告

课题名称	鉴别金币真假的方法

姓名：＿＿＿＿＿＿＿＿　　　　日期：＿＿＿＿＿＿＿＿

❶ 猜想可以用哪些方法鉴别金币的真假

＿＿＿＿＿＿＿＿＿＿＿＿＿＿＿＿＿＿＿＿＿＿＿＿＿＿＿＿＿＿＿＿＿＿＿＿

❷ 实践探究1　认识量筒

我们先尝试用量筒测量一块弹珠的体积，首先思考以下几个问题：

① 量筒是以什么单位标度的？

② 毫升（ml）和立方厘米（cm³）的关系是什么？

③ 这只量筒最大测量体积是多少？可以精确到几毫升？

④ 下图中画出了使用量筒读数时的几种做法，哪种做法是正确的？哪种是错误的？错在哪里？

利用量筒测出弹珠的体积是多少?

③ 实践探究 2　探究金币的真假

已知纯金的密度为 19.3 g/cm³，实验测出金币的体积为 _____，金币的质量为 _____，由此可计算出金币的密度为 _____。

结论：楚汉奶奶买的纪念币是 _____。

④ 课后作业

食用油的密度在 0.91 g/cm³ 左右，为了方便同学们计算我们取 0.9 g/cm³，请你根据今天学习的知识计算一桶食用油的质量，记得将你的结果拍照或录制视频上传打卡哦。

第8课 曹冲称绿豆
神奇的放大法

情景导入

1. 问题引入

　　楚汉在帮妈妈做绿豆粥的时候，抓了一把绿豆。他很好奇，一颗绿豆有多重呢？

　　他问了周围的人，结果大家和他一样，都很想知道一颗绿豆的重量，但又没有办法测量出来。楚汉带着疑问来到了奇又妙科学实验室，寻求答案。

老师，你知道一颗绿豆有多重吗？体重秤根本称不出来，您有什么好办法吗？

那是因为绿豆太轻了，不在体重秤的称量范围之内，我们可以用实验室的电子秤来试一试。

2. 猜想和假设

如何称量一颗绿豆的重量，你有什么好的想法吗？
给你 2 分钟的时间，赶快行动起来吧。

老师拿来了实验室经常用来称重的电子秤，想用电子秤称出一颗绿豆的重量。但是他们发现一颗绿豆还是太轻，电子秤也称不出来。

看来，利用现有的称重工具直接称出一颗绿豆的重量有点不太现实。楚汉想自制一个简单的装置，称出一颗绿豆的重量。

⚙ 实践探究

🔍 实践探究 1　自制称量工具

【自备材料】

绿豆约 300 g　　　水　　　刻度尺　　　铅　笔

【本节课材料包】　　　　　　　　　　　　　　　　　　　　　　【公共材料】

细线 3 根　　　自封袋 2 个　　　透明塑料瓶 B 1 个　　　木棍 1 根

楚汉手边只有 1 根细木棒、几根细线、2 个塑料袋、1 瓶重 200 克的水。

请你根据以上材料，设计一个合理方案并画出称重装置。

楚汉根据自己的设想做出了一套称量装置，如下所示：

你可以根据自己的方案制作称量装置，也可以参照楚汉的方案。

制作好称量装置之后，楚汉又发现一个问题，由于手边只有一个装满水后重量是 200 克的水瓶，他还是无法称量一颗绿豆的重量。

此时，楚汉小时候学过的《曹冲称象》的故事给了他启发，体型较大的物体不方便称量，可以用很多小型物体累积的重量替代较大物体的重量；相反，如果想称量较小物体的重量，也可以将其累积为"较大物体"进行称量。

楚汉根据刚刚的想法开始动手制作：他在距离杠杆中心位置长度相等的两端分别挂上一包绿豆和一瓶重 200 克的水。

这时他发现挂绿豆的一端沉了下去，由此判断这包绿豆比这瓶水重。为了让两端重量相等，楚汉取出了部分绿豆，直到杠杆平衡。

200 克水　　　　　200 克水

当我们知道一小包绿豆的重量之后，只要再数出绿豆的总颗数，就可以知道一颗绿豆的重量了。

此时楚楚已经迫不及待地一个一个数了起来。

那你打算怎么解决这个问题呢？赶快行动吧！

下面我们来看看楚楚用哥哥的方法测量的结果：

200 克绿豆，共 N 个，每个绿豆的重量约 0.065 克。

有什么办法能更准确地测量出绿豆的重量呢？

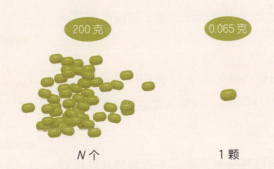

200 克　　　　　0.065 克

N 个　　　　　1 颗

这就需要多次测量，然后将多次测量的结果累加起来，再除以测量的次数得到多次测量的平均值。测量的次数越多，数据就越准确，这个过程一般不少于 3 次。

以下是楚楚的测量结果：

测量次数	第1次	第2次	第3次	第4次	第5次	平均值
测量结果	0.063 g	0.065 g	0.066 g	0.067 g	0.064 g	0.065 g

一粒一粒地数，眼睛都数花了，有什么好方法可以快速数出绿豆的数量呢？

实践探究2 快速数出绿豆数量

【自备材料】　　　　【本节课材料包】

绿　豆

杆　秤
（木棍取自"公共材料"）

长吸管4根

短吸管4根

为了能更快速地数出绿豆的总颗数，楚汉想出了一个新的方案。

第1步：在杠杆的一端挂上200克的重物，另一端挂上一包绿豆，直到杠杆平衡，说明两者的重量相等，也就是说，这包绿豆的重量是200克。

第2步：将这包绿豆分成两份，不断调整两端绿豆的分配，直到杠杆平衡。此时，两份绿豆的重量相等，那么每份绿豆的数量也相等。

第 3 步： 数出其中一份绿豆的数量 n，绿豆总数就是 $2n$，如果将其中一份绿豆再分成相等的两份，数出其中一份绿豆的数量 m，绿豆总数就是 $4m$。

以此类推，可以大大减少数绿豆的时间，提高效率。

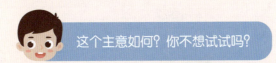

这个主意如何？你不想试试吗？

但是，楚楚并不服气，她认为自己同样能想出很好的办法。

楚楚用手边的短吸管摆成一个小正方形，在正方形中间铺满绿豆后，她测量出正方形的边长，计算出正方形的面积，最后数出正方形中的绿豆个数。

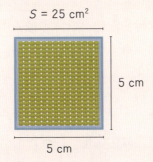

$S = 25 \text{ cm}^2$

5 cm

5 cm

紧接着，她把所有绿豆都平铺在一起，用长一点的吸管围成一个长方形，分别测量长方形的两个边长，算出长方形的面积。根据长方形的面积，楚楚很快就推算出所有绿豆的数量，进而就能得出每个绿豆的重量啦。

你知道楚楚是怎么推算的吗？

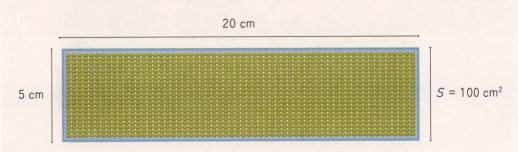

20 cm

5 cm

$S = 100 \text{ cm}^2$

· 放大法

通过上面的实践探究我们得出：要想测量一个绿豆的重量，可以先将很多绿豆放在一起测量总重量，然后数出绿豆的数量，用总重量除以总数量，就可以得到每颗绿豆的重量了，这个方法叫作放大法。

放大法是一种测量微小物体的常用方法。这种方法是将众多微小物体累积成一个大物体，方便测量。这种方法和《曹冲称象》中的方法是相反的思路，虽然两者思路不同，但也有共同之处，它们更像是天平的两端，一个是将小物体累积成大物体，一个是将大物体细分成小物体。

在实际生活中有的绿豆大一点，有的绿豆小一点，用放大法称量一颗绿豆的重量，是默认所有绿豆都一样大，这是一种理想的情况。尽管这种理想的情况和实际情况有出入，但是出入不大。在科学上，很多时候都是把实际情况抽象成理想情况进行处理，只要抓住事物的主要矛盾，忽略次要矛盾，就能建立起一个理想模型。有了理想模型，处理问题就方便多了。

在生活中放大法有很多应用，除了称量绿豆，还可以称量黄豆、芝麻等物体的重量。

考考你

1. 如何测出一张 A4 纸的厚度，下列方法中最佳的是（　　）

A. 用刻度尺仔细地测量一张 A4 纸的厚度

B. 用刻度尺分别测出 100 张 A4 纸的厚度，求平均值

C. 用刻度尺多次测量 A4 纸的厚度，求平均值

D. 用刻度尺测出 100 张 A4 纸叠加起来的总厚度，再除以 100

2. 用天平称一枚大头针的重量，下列方法中既正确又方便的是（　　）

A. 先测出 3000 枚大头针的重量，再通过计算求得

B. 把一枚大头针放在天平盘里，反复测量，再求平均值

C. 先测出 100 枚大头针的重量，再通过计算求得

D. 把一枚大头针放在一只杯子中，测出其重量，再减去杯子的重量

参考答案： 1. D　　　2. C

生活应用

• 牙签破气球

墙面上挂了几个气球，在不同长度的吸管里面放置牙签，用吸管对着气球吹气，观察什么样的吸管更容易将气球吹破。

长吸管更容易吹破气球，因为长吸管中气流对牙签的作用累积时间更长，牙签的最终速度更大，更容易把气球扎破。这和枪有类似之处，手枪、步枪、狙击步枪，对于同一个子弹而言，枪管长度越长，子弹推进的累积效果越明显，射程就越远。

总结提升

1. 知识和概念

等臂杠杆：两端悬挂点到支点的距离相等的杠杆。

2. 方 法

① 放大法：将微小物体累积在一起，变成易测量易观察的总体。

② 模型法：抓住事物主要矛盾，忽略次要矛盾，建立简易模型。

3. 态度与责任

抓住事物的主要矛盾，忽略次要矛盾是生活中常用的解决问题的方法。

实验报告

课题名称 **放大法的应用**

姓名：_____   日期：_____

❶ 称量装置的设计方案

❷ 绿豆总个数的测算方案

❸ 绿豆多次测量结果

测量次数	第1次	第2次	第3次	第4次	第5次	平均值
测量结果						

❹ 课后作业：测量一粒米的重量

测量一粒米的重量：

① _____

② _____

③ _____

注明你所测量米的种类，比如：泰国香米、东北五常大米、粳米等，记得将你的结果拍照或录制视频上传打卡哦。

第9课 **胸口碎大石**
惯性定律

情景导入

1. 问题引入

元旦联欢会快到了，楚汉和楚楚想要表演一个既惊险刺激又让人难忘的节目，他们在电视上看到电视剧里的演员表演胸口碎大石，不禁想到：这个节目看起来很刺激，就是不知道表演起来会不会有危险呢？于是他们找到老师想要知道胸口碎大石是如何做到石碎而人没事的。（⚠ 实验危险，不能模仿哦！）

老师，您说表演胸口碎大石的演员是不是都会功夫啊，看起来好危险呀。

哪有什么功夫呀，其实他们也只是身体健康的普通人而已。

那他们是如何做到的呢？

其实这个惊险的杂技里蕴含着一定的科学道理。今天我们就来揭秘胸口碎大石的奥秘吧！

2. 猜想和假设

为什么大锤砸在石头上的时候，石头没有向下压并把人压扁呢？

其实这是因为惯性，胸口上的石头就具有惯性，从而起到了缓冲的作用。

惯性？什么是惯性啊。

接下来我们一起了解一下惯性吧。

惯性是物体的一种固有属性，一切物体都有保持原来运动状态不变的性质，简单来说就是"动的还想动，静的还想静"。例如，快速前进的自行车，即使不再提供动力，自行车依靠惯性也会继续保持前进状态，不会立刻停止。

实践探究

胸口碎大石就是利用了石头的惯性，原本静止的石头还想保持静止，所以大锤砸下来石头都碎了人却没事。这其中蕴藏着什么奥妙呢？我们一起来探究一下吧。

惯性是物体的一种固有属性，任何物体在任何状态下都是有惯性的。这么说可能比较抽象，我们可以通过实验来证明惯性的存在。

实践探究 1　运动的物体是否具有惯性

【自备材料】

刻度尺

毛　巾

【公共材料】

实心塑料球 1 个

布 1 块

斜面轨道 1 个

·实验1

将毛巾铺在水平桌面上，让小球从斜面轨道顶端滑下，用刻度尺测量小球滑行的距离。

·实验2

将毛巾换成一块比毛巾光滑的布，让小球从斜面轨道顶端滑下，用刻度尺测量小球滑行的距离。

·实验3

去掉水平桌面上的布，让小球从斜面轨道顶端滑下，用刻度尺测量小球的滑行距离。

实验结论: 由实验可以看出，平面越 _____，小球受到的阻力 _____，小球运动距离越 _____，速度减小越 _____。

由实验可以看出，去掉桌面上的布，运动的小球所受的阻力减小，向前滑行的距离变大。设想一下，如果桌面足够光滑，小球运动时不受阻力，它是不是就不会停下来了？

·牛顿第一定律

伽利略对类似的实验进行了分析，并进一步推测：如果物体受到的阻力为零，速度就不会减小，物体将以恒定不变的速度永远运动下去。后来，英国科学家牛顿总结了伽利略等人的研究成果，概括出一条重要的物理规律：一切物体在没有受到力的作用时，总保持静止状态或匀速直线运动状态。这就是著名的牛顿第一定律，也被叫作惯性定律。

🔍 实践探究2 静止的物体是否具有惯性

【自备材料】　　　　　【本节课材料包】　　　　　【公共材料】

橡　皮

硬卡纸1张

100 ml 塑料烧杯1个

实心塑料球1个

　　拿出100 ml塑料烧杯，为了让杯子更稳定可以在杯子里放一块橡皮作为重物。在杯口盖上硬卡纸，硬卡纸上放置一颗实心塑料球，迅速抽出硬卡纸，你看到了什么现象？你能解释原因吗？

实验现象：_____

原因：_____

实验结论：无论物体运动还是静止，都有保持自己原来状态的性质。

通过这两个实验我们清楚地证明惯性的存在，任何物体在任何状态下都有惯性。除了这两个实验外，你还能在生活中找到哪些证明惯性存在的例子呢？

🔍 实践探究 3　影响惯性的因素

　　胸口碎大石的奥秘与惯性的大小有关，惯性越大，人越安全，那你知道惯性的大小和什么有关吗？你能设计一个实验验证你的猜想吗？

> 我认为惯性大小和质量有关，质量越大惯性越大。

> 我认为惯性大小和速度有关，速度越快惯性越大。

（1）物体质量对惯性的影响

【自备材料】　　　　　　　　　　【公共材料】

空易拉罐 1 个　　未开封的易拉罐 1 个　　　斜面轨道 1 个　　　实心塑料球 1 个

　　让两个相同的小球从同一高度的斜面轨道上滚落下来，撞击两个质量不同的易拉罐，观察哪个易拉罐更容易产生位移（如果没有易拉罐，可以用一个空矿泉水瓶和一个装满水的矿泉水瓶代替）。

实验现象：_____

实验结论：惯性与物体质量有关，质量越 _____，惯性越 _____，物体越不容易被改变运动状态。

（2）物体速度对惯性的影响

猜想：惯性大小和物体速度有关，速度大惯性大，速度小惯性小。

推理：如果上述猜想正确，那么物体速度为零时没有惯性，毫无疑问这不成立。因为惯性是所有物体固有的特性，什么时候都有，因此，惯性的大小与速度无关。

大石板的质量非常大，它自身的惯性就非常大，所以它的状态不容易发生改变，在锤子砸下来时大石头的速度改变得比较慢，它情愿"粉身碎骨"都不愿意往下走1毫米，人当然就没事啦。所以胸口碎大石的石头必须是又沉又大的石板，如果是很轻很小的石头那人就危险了。

老师要提醒大家，虽然我们了解了其中的原理，但是胸口碎大石还是很危险的，自己不能做这个实验哦。

考考你

1. 下列实例中，属于防止惯性不利影响的是（   ）

A. 跳远运动员跳远时助跑

B. 拍打衣服时，灰尘脱离衣服

C. 小型汽车驾驶员驾车时必须系安全带

2. 对于物体的惯性，下列说法正确的是（   ）

A. 物体静止时难推动，说明静止物体的惯性大

B. 运动速度大的物体不易停下来，说明物体速度大时比速度小时惯性大

C. 作用在物体上的力越大，物体运动状态改变得也越快，说明物体在受力大时惯性变小

D. 惯性是物体自身所具有的，与物体的静止、速度及受力无关，它是物体自身的属性

3. 水平桌面上，物体在水平拉力 F 的作用下向右运动，当它离开桌面时，假如所受的一切外力同时消失，那么它将（　　）

    A. 沿竖直方向下落

    B. 沿水平方向向右做匀速直线运动

    C. 做曲线运动

    D. 无法判断

4. 在匀速直线运动的火车车厢内，乘客把小球竖直向上抛出，小球落下的位置在抛出点的（　　）

    A. 正后方

    B. 正下方

    C. 正前方

    D. 侧后方

5. 汽车突然起动时，由于乘客具有 _____，他会向车辆 _____ 的方向倾倒；向北行驶的汽车突然向西拐弯时，车上的乘客会向 _____ 倾倒。

参考答案：1. C　　　2. D　　　3. B　　　4. B　　　5. 惯性，相反，北

 生活应用

① 生活中，人们常常利用物体的惯性。

    例如，跳远运动员快速助跑后，飞身一跃，利用的就是自身的惯性，在空中继续前进，以提高成绩。掷铅球、篮球等运动也都利用了物体有保持运动的特性来提高成绩。虽然我们在很多地方都可以利用惯性，但是惯性有时也会给人们带来危害，需要特别防范。

② 你知道我们坐车时为什么一定要系安全带吗？

快速行驶的汽车，一旦发生碰撞或紧急刹车时，车身会马上停止运动，而乘客身体由于惯性会继续向前运动，在车内与车身撞击，严重时可能把挡风玻璃撞碎而飞出车外。为防止撞车时发生类似伤害，我们必须系好安全带，如果车辆发生碰撞，安全带会在紧急刹车的瞬间收紧，将我们牢牢地固定在座椅上，防止发生二次伤害。

③ 在运动的车里喝水不被呛到，你有什么好办法吗？

可以侧着身子喝，因为我们正着身子顺着车行驶的方向喝水的话，车辆突然加速，水由于惯性就会流出来，我们就有可能呛到，如果车辆突然减速，我们的脸可能会磕到杯子上。但是侧着身子喝水，杯子里水的运动方向是沿着车辆行驶方向的，所以无论加速还是减速，喝水都不会被呛到，下次坐车的时候你可以试一试这个方法哦。

 总结提升

1. 知识和概念

① 惯性是物体本身的固有属性，任何物体在任何运动状态下都有惯性。

② 惯性的大小与物体的质量大小有关，与速度大小无关。

2. 方 法

本节课中通过小球运动时受到的阻力越小，运动的距离越远的实验现象，进而推测出如果小球运行时不受阻力，它将一直保持运动状态的结论。这是基于实验现象做出的理想假设。理想假设是一个很重要的科学方法，对于有些无法满足条件而且难以做到的实验，可以通过理想假设抓住主要矛盾，根据理想情况合理推理就能得到结论。

3. 态度与责任

通过解决现实生活中的问题，培养学生学习物理的兴趣，养成探究问题的良好习惯。

惯性是一把"双刃剑"，我们可以利用它有利的一面来让生活更美好，也要防止它不利的一面带来危害。在乘车时一定要系好安全带，也要让周围的人做到，防止因交通事故造成意外伤害，既要学科学还要用科学让生活更美好。

实验报告

课题名称 | **探究惯性的影响因素**

姓名：_____ 日期：_____

❶ 物体的运动是需要靠力维持还是不需要力来维持？

_____

❷ 实践探究1 运动的物体是否具有惯性

表面材料	阻 力	滑行距离	速度变化
毛 巾			
棉 布			
木 板			
理想平面			

结论：通过实验可知，表面越光滑，受到的阻力越 _____，小球运动的距离越 _____，速度减小越 _____。

牛顿第一定律：一切物体在没有受到 _____ 的作用时，总保持 _____ 状态或 _____ 运动状态。

❸ 实践探究2　静止的物体是否具有惯性

实验现象：_____

结论：静止的物体 _____ 惯性。

❹ 实践探究3　影响惯性的因素

① 物体质量对惯性的影响。

实验现象：_____

结论：惯性与物体质量有关，质量越 _____ ，惯性越 _____ ，物体越不容易被改变运动状态。

② 物体速度对惯性的影响。

物体的惯性与 _____ 有关，与 _____ 无关。

❺ 课后作业

给家人和朋友介绍安全带的科学知识，并用实验向他们证明惯性的存在，记得将你的结果拍照或录制视频上传打卡哦。

第 **10** 课 谁是大力士
探索摩擦力

情景导入

1. 问题引入

　　一年一度的拔河比赛就要开始了，楚汉作为班里的体育爱好者，早已经摩拳擦掌跃跃欲试。但是他深知，要想赢得拔河比赛的胜利，除了同学们团结一心，相互配合外，还要借助科学的力量。于是他找来楚楚商量比赛对策。

> 妹妹，你说怎么用科学的力量获胜呢？

> 拔河就是谁的力气大，谁就获胜，科学也帮不上你。

> 你们两个进行一场拔河比赛，一切不就清楚了，不比怎么知道结果呢？

　　楚楚觉得哥哥的力气大，自己一定比不过哥哥。在老师的引导下，楚楚和楚汉进行了拔河比赛。

- **实验 1**

拔河比赛开始，老师喊 1、2、3！比赛结束，楚汉获胜。

谁的力气大，谁就获胜，哪来什么科学。

再比一次试试看，这次用科学的方法助你一臂之力。

再比一次我们的力量都没变，还是哥哥的力气大，科学的方法就能让我获胜吗？

- **实验 2**

老师拿来板车，让楚汉站在板车上，两个人再进行一次比赛，这次比赛楚楚获胜。

哎呀，你还别说，科学还真有力量。老师，我的力气没变为什么这次获胜了呢？

这正是科学的神奇之处，想知道获胜的奥秘，你可以思考一下两次拔河比赛有什么区别。

2. 猜想和假设

通过这两个实验，你们有什么收获呢？造成两次比赛结果不同的原因是什么呢？

老师，通过这两个实验，我明白了，其实拔河比赛中获胜的关键因素是人和地面之间的摩擦力，摩擦力大就容易获胜。

哥哥，你这么一说我也明白了，两次比赛的不同之处是第二次你站在板车上，摩擦力小，所以我赢了。

但是，摩擦力大小和哪些因素有关呢？我们只有知道具体的要素，才能让科学帮上忙，让自己成为大力士。

• 猜想 1　与物体的重力有关

楚汉想到有一次推桌子，他把自己的书包和水壶全都堆在桌子上，推起来很费力，等楚楚帮他把书包取下来，推桌子一下就轻松了，看来物体重力的大小会影响摩擦力的大小。

• 猜想 2　与接触面光滑程度有关

楚楚很细心地观察到，保洁阿姨每次擦完走廊，都会在显眼的地方摆上"小心地滑"的警示牌，以防大家不慎摔倒，看来物体表面的光滑程度也会影响摩擦力的大小。

实践探究

为了将复杂问题简单化，你会如何设计探索过程呢？

控制变量法可以帮助我们将复杂问题简单化。所谓控制变量法，就是某个事物可能和很多因素相关，为了能简单准确地找出背后的规律，每次实验只让其中一个因素发生变化，其他因素保持不变。

在这个实验中，我们首先改变物体的重力，其他因素都不变；然后再改变接触面之间的粗糙程度，其他因素都不变，这样就容易开展实验了。

在开展实验前老师提示楚汉：缓慢拉动木板时，弹簧测力计的示数就可以反映摩擦力的大小。于是，楚汉和楚楚准备了不同重物进行摩擦力与物体重力关系的探究实验。在实验过程中，将每一次缓慢移动木板的弹簧测力计示数都记录下来并填在表格中。

🔍 实践探究 1　摩擦力与物体重力的关系

【本节课材料包】　　　【公共材料】

方木块 3 个

带挂钩的木板 1 块

弹簧测力计 1 个

第 1 步：把木板平放在桌面上，用弹簧测力计平行丁桌面缓慢拉动木板，读出弹簧测力计的示数 F1。

第 2 步：在木板上放 1 个方木块，用弹簧测力计平行于桌面缓慢拉动木板，读出弹簧测力计的示数 F2。

第3步：在木板上放 2 个方木块，用弹簧测力计平行于桌面缓慢拉动木板，读出弹簧测力计的示数 F3。

第4步：在木板上放 3 个方木块，用弹簧测力计平行于桌面缓慢拉动木板，读出弹簧测力计的示数 F4。

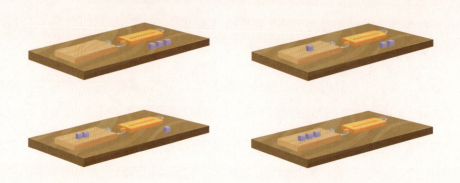

重 物	木 板	加 1 个方木块	加 2 个方木块	加 3 个方木块
弹簧测力计示数				

实验结论：_____

🔍 实践探究 2　摩擦力与接触面光滑程度的关系

【自备材料】　　　　【公共材料】

毛 巾　　　带挂钩的木板 1 块　　弹簧测力计 1 个　　布 1 块

　　楚汉和楚楚在完成摩擦力与物体重力关系的探究实验后，两个人又准备了粗糙程度不同的物体，开展摩擦力与接触面光滑程度关系的探究实验，并将实验数据记录在表格中。

　　第 1 步： 把木板平放在桌面上，用弹簧测力计平行于桌面缓慢拉动木板，读出弹簧测力计的示数 F1。

　　第 2 步： 在木板下方铺一块稍微粗糙的布，用弹簧测力计平行于桌面缓慢拉动木板，读出弹簧测力计的示数 F2。

　　第 3 步： 在木板下铺一块更粗糙的毛巾，用弹簧测力计平行于桌面缓慢拉动木板，读出弹簧测力计的示数 F3。

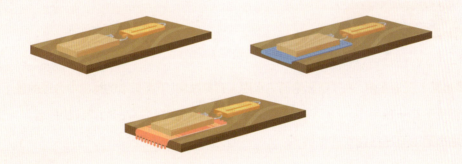

接触面	桌　面	布	毛　巾
弹簧测力计示数			

实验结论： _____

根据实验结果，找到了关于摩擦力的科学规律。如果下次开展拔河比赛，你打算如何实施呢？

我们一定要让班里体重最大的同学去，因为体重越重，人和地面之间的摩擦力就越大，当然就更容易获胜了。

还可以在比赛时穿上鞋底比较粗糙的鞋，人和地面之间的摩擦力也会更大，更容易获胜，这样我们就容易成为大力士了。

1.（多选题）在浴室中，为了防止地面沾水后人容易跌倒，下面采取的措施中合理的是（　　）

A. 脚底下垫一条毛巾　　　　　　　B. 洗浴时穿鞋底有凹凸花纹的拖鞋

C. 地面铺上有凹凸花纹的地砖　　　D. 穿上平底光滑的拖鞋

2. 在实验过程中，我们保持接触面粗糙程度、接触面积和物体运动速度都不变，记录了如下数据：

接触面间的压力	摩擦力 F（N）
木板未加重物	1.2
木板加 1 个重物	1.5
木板加 2 个重物	1.8

根据实验数据得出结论：_____

参考答案： 1. ABC　　　2. 摩擦力随接触面间压力增大而增大

总结提升

1. 知识和概念

影响摩擦力的两个关键因素是物体的重力和接触面光滑程度。

2. 方　法

要想开展自主探究，同学们首先要根据生活中的现象，做出合理猜想，然后制定研究方案，开展实践探究，根据探究结果得出结论。

在本实验中应用了拉力间接测量摩擦力的方法，并在实践探究过程中控制变量，把复杂问题简单化，然后根据实验数据，进行分析并得出结论，这是探索未知世界的常用方法。

3. 态度与责任

摩擦力在生活中并非只充当阻力，也可以充当动力。生活中遇到困难时也是同样的道理，困难不只是我们前进的阻力，我们也可以利用它有利的一面，让它成为我们前进的动力。

实验报告

课题名称 **探究摩擦力的影响因素**

姓名：_____ 日期：_____

❶ **猜想影响摩擦力大小的因素**

_____

❷ **实践探究 1 摩擦力与物体重力的关系**

重 物	木 板	加 1 个方木块	加 2 个方木块	加 3 个方木块
弹簧测力计示数				

根据实验数据得出结论：

_____

❸ **实践探究 2 摩擦力与接触面光滑程度的关系**

接触面	桌 面	布	毛 巾
弹簧测力计示数			

根据实验数据得出结论：

_____

4 **总结影响摩擦力的相关因素**

_____

_____

5 **课后作业**

　　请同学们设计两个实验，一个是摩擦力充当动力，另一个是摩擦力充当阻力，并说明其中的道理，记得将你的结果拍照或录制视频上传打卡哦。

情景导入

1. 问题引入

　　楚汉光着脚在沙滩上玩耍时，发现有些硌脚，低头一看原来是踩到了几个小石子。为什么穿着鞋踩在小石子上没什么感觉，但是光脚踩在小石子上就觉得硌脚呢？同时他很好奇，大象这么重，要是踩在小石子上会出现什么情况？为什么大象可以不穿鞋呢？为了探究其中的奥秘，楚汉做了以下实验。

为什么光脚踩在细软的沙滩上不觉得硌脚,踩在小石子就这么硌脚呢?

· **实验 1**

楚汉光脚踩在小石子上感觉很硌脚，而踩在大鹅卵石上就不觉得硌脚。楚汉猜测：踩起来硌不硌脚可能跟物体的大小有关，物体越小越硌脚。

· **实验 2**

楚汉又回想起大象踩在石头上的情景，他想模拟大象，于是他抱着一个重物，重新踩在小石头上，这次他感觉脚快被硌穿了。为了弄清其中的奥秘，楚汉找到了老师。

2. 猜想和假设

老师，为什么我踩在小石子上感觉很硌脚，踩在大鹅卵石上却不太硌脚呢？

这是因为压强在"搞鬼"，硌脚就是因为脚底承受的压强大。

压强？什么是压强啊？

压强是物体单位面积受到的压力，可以理解为压强是压力的作用效果，压强大即压力的作用效果明显，我们就会觉得硌脚啦！

那压强跟什么因素有关啊，我真的太想知道了！

不如我们一起探究一下吧！

- **猜想 1 压强与受力面积的关系**

楚汉根据刚刚踩大鹅卵石和小石子的感觉猜想：压强大小可能和这些物体与脚的接触面积大小有关。

- **猜想 2 压强与压力的关系**

楚汉轻踩小石子没那么硌脚，抱着重物用力踩下去却非常硌脚，因此猜测：压强大小与压力大小有关。

  # 实践探究

实践探究 1 压强与受力面积的关系

【本节课材料包】   【公共材料】

木板 1 块　　吸管 4 根　　黑色胶垫 4 个　　黏土 2 包　　秒表 1 个

第 1 步：拿出 1 块木板，4 根吸管，4 个黑色胶垫，将黑色胶垫套在吸管上，撕下黑色胶垫的双面胶一侧，将带有吸管的黑色胶垫贴在木板的四个角，4 根吸管操作相同，贴完后构成一个"小桌子"。

第 2 步：拿出黏土揉成一个有厚度的饼状，大小要比"小桌子"的桌面大，将"小桌子"的桌面朝下放置在黏土饼上，计时 15 秒钟后取下，观察桌面与黏土接触位置下降的深度。

第 3 步：将"小桌子"的桌腿朝下放置在黏土饼上，计时 15 秒钟后取下，观察桌腿与黏土接触位置下降的深度。

第 4 步：将"小桌子"的桌面短侧边（桌边）朝下放置在黏土饼上，计时 15 秒钟后取下，观察桌边与黏土接触位置下降的深度。

第 5 步：对比桌面、桌腿和桌边在黏土饼上形成的压痕深度。

为了增强实验效果，可每次在桌子上放同一个物体。

实验现象： 可以看到桌面、桌腿、桌边在黏土饼上下降的深度不同，其中桌面下降深度很浅，桌边下降深度较浅，桌腿下降深度较深。

实验结论： _____

🔍 实践探究 2 　压强与压力的关系

【自备材料】　　　　【本节课材料包】　　　　　　　　　　【公共材料】

重　物　　　　小桌子 1 张　　　黏土 2 包

秒表 1 个

第 1 步：从家中找到两个有一定重量的物体作为重物，例如两瓶矿泉水。

第2步：将"小桌子"桌腿朝下放置在黏土上，桌腿不与之前的凹陷重合，在桌面放置一瓶矿泉水，计时 15 秒钟后取下，观察桌腿与黏土接触位置下降的深度。

第3步：将"小桌子"桌腿朝下放置在黏土上，桌腿不与之前凹陷重合，在桌面放置两瓶矿泉水。计时 15 秒钟后取下，观察桌腿与黏土接触位置下降的深度，对比桌子留下的三种凹陷。

实验现象：可以看到未加重物、加 1 个重物和加 2 个重物在黏土饼上下降的深度不同，其中未加重物下降深度较浅，加 1 个重物下降深度较深，加 2 个重物下降深度最深。

实验结论：_____

通过实践探究，我们知道了影响压强的因素有：

_____

具体影响因素是：

1._____

2._____

 考考你

1. 下列哪些应用是属于增大压强的（　　）

　A. 针和锥子的顶端都做得很尖　　B. 载重汽车要用很多个轮胎

　C. 河堤常常要修得上窄下宽　　　D. 用螺丝固定零件，在螺丝下垫一个比较宽的垫圈

2. 人坐在沙发上比坐在椅子上舒服，这是因为（　　）

　A. 沙发有弹性把人拖住了　　　　　B. 沙发对人的压力比椅子对人的压力小

　C. 沙发对人的压强比椅子对人的压强小　　D. 以上解释都不对

3. 影响压强大小的因素：_____ 和 _____。

> **参考答案：** 1. A　　　2. C　　　3. 压力，受力面积

 生活应用

压强：$P = \dfrac{F}{S}$，F 是作用在接触面上的压力；S 是接触面积；压强单位：帕斯卡；符号：Pa。

压强存在于我们生活的方方面面中，例如：

① 刀和斧都磨得很薄，钉子、针等的尖端都加工得很尖，这些都是用减小受力面积的办法增大压强。

② 椅子面积比较大的目的是在压力大时，减少压强，让人更舒服。

③ 坦克、履带式拖拉机、滑雪时穿上的滑雪板等都是采用增大受力面积的方法来减小压强。

④ 书包的肩带比较宽，目的是为了减少压强。

⑤ 桥梁会对大型车辆限制重量，从而避免压强过大。

生活中压强的应用还有很多，期待你的发现哦！

1. 知识和概念

压强：物体单位面积受到的压力，压强与接触面受到的压力和接触面大小有关。

2. 方 法

本节课应用了转换法，通过观察黏土下降的深度来判断压力的作用效果即压强的大小，在实践过程中要控制变量，把复杂的问题简单化，同时要善于根据实验数据，分析得出结论。

3. 态度与责任

压力大不一定压强大，因此当我们面对高压力的时候，要善于扩大"受力面积"适度减压，才能更好生活。

实验报告

课题名称　　**探究压强的影响因素**

姓名：_____　　　日期：_____

❶ 猜想影响压强大小的因素：_____

❷ 实践探究 1　压强与受力面积的关系

受力面积	桌　面	桌　边	桌　腿
黏土中物体下降深度			

根据实验数据得出结论：_____

❸ 实践探究 2　压强与压力的关系

重　物	未加重物	加 1 个重物	加 2 个重物
黏土中物体下降深度			

根据实验数据得出结论：_____

❹ 总结影响压强大小的因素：_____

❺ 课后作业

　　请你认真观察，寻找生活中压强应用的例子，并说明其中的原理，记得将你的结果拍照或录制视频上传打卡哦。

第12课 两米长吸管喝饮料
探索大气压强

 情景导入

1. 问题引入

楚汉听说有用 2 m 长的吸管喝饮料的实验。他觉得挺有意思，于是找到一根 2 m 长的吸管，试试到底能不能喝到饮料，尝试了几次后，发现无论如何也喝不到饮料，于是他带着困扰来到奇又妙科学实验室找到老师，想知道其中的奥秘。

 老师，为什么我用长吸管喝不上来饮料呢？

要想解决这个问题，你需要先想一想平时用短吸管是怎么喝到饮料的。

 吸一口不就喝到了么，这有什么难的！

我们在吸的过程中首先吸到的并不是饮料。

老师您这么说好像确实是这样，那吸的是什么呢？

你可以好好思考一下，吸管和饮料周围会不会有看不见的物质被我们忽略了？

我知道了！！是空气！

你说的没错，确实是空气。

难道空气是有力量的吗？

确实如此，我们把作用在单位面积上的大气压力称为大气压强，简称大气压。用吸管喝饮料其实就是利用大气压强的原理，所以要想解决超长吸管喝饮料的问题，先要理解大气压强。

老师您说的这个大气压强真的存在么？我怎么看不到呀！

我们可以做个小实验感受一下大气压强的存在！

大气压强可以简单地理解为空气的力量，但是空气看不见摸不着，如何能证明大气压强的存在呢？

● 实验 1　大气压强的存在

楚汉拿了一根透明吸管和一杯水，他把吸管放进杯中并用很小的力气吸了一下，他看到吸管中上升了一段水柱，但是他松口后水又落回杯子中，楚汉并没有喝到水。

这时候楚汉注意到，他一开始吸气后吸管里的液面上升，说明有一个力量让液面上升，这个力量在吸气的时候才产生效果，说明这个力和气体有关。

● 实验 2　大气压强的力量

知道了大气压强的存在，楚汉想看看大气压强的力量，他想试试能不能让吸管内的液面不再掉落回去，于是他用很小的力气吸了一口，看到水被大气压强压上来后，楚汉做了一个动作，此时吸管中的水就像是被施了魔法一样稳定在吸管中。

你知道楚汉是怎么做的吗？

在确定大气压强存在之后，楚汉开始思考大气压强的大小可能和哪些因素有关呢？

2. 猜想和假设

● 猜想 1　大气压强和气体温度有关

楚汉想到妈妈每次用高压锅时，都会先放气再打开盖子，不然容易发生爆炸，楚汉猜想应该是温度变化导致大气压强增大，需要放气来降低压强才安全。

● 猜想 2　大气压强和气体体积有关

楚汉想到之前玩的一个玩具 —— 砰砰枪，当在密闭的空间内推动针筒的活塞使注射器内的空气体积缩小时，前面堵住的"子弹"会飞出去并发出"砰"的声响。

实践探究

 实践探究 1　大气压强和气体温度的关系

【自备材料】

热　水　　　　　温　水　　　　　　　盘　子

【本节课材料包】　　　　　　　　　　【公共材料】

20 ml 注射器 1 支　透明塑料瓶 1 个　　　细木棒 1 根　　色素 1 瓶

第 1 步：在盘子中加入适量温水，在水中加入几滴色素，用细木棒搅拌使颜色均匀。

第 2 步：用注射器吸取热水转移至透明塑料瓶中，使塑料瓶内盛有适量热水（约 1/4）。

第 3 步：拧上瓶盖，轻微摇晃一下透明塑料瓶，打开盖子，倒出热水，此时瓶中空气温度高。

第4步：将倒出热水后的空塑料瓶倒扣在盘子中，记录塑料瓶中初始液面高度。

第5步：待瓶子冷却后，记录液面高度。

实验现象：倒扣的塑料瓶中缓慢出现液体，液面不断上升，待塑料瓶完全冷却后液面保持不变。

实验结论：_____

🔍 实践探究2 大气压强和气体体积的关系

【本节课材料包】

20 ml 注射器 1 支   橡胶塞 1 个

第1步：将注射器的活塞拉至 10 ml 刻度线，使注射器一半体积内充满空气。

第2步：将橡胶塞套在注射器的针头处，使注射器内的空气被密封。

第3步：记录活塞在针筒上的位置，即刻度值。

第4步: 向外拉动活塞至15 ml,使注射器内的空气体积增大,松手后观察现象,活塞静止后记录刻度值。

第5步: 向内推动活塞至5 ml,使注射器内的空气体积减小,松手后观察现象,活塞静止后记录刻度值。

注意: 推动活塞时注射器不要对着人,实验过程中要注意安全,在父母的陪同下可以尝试推动更长的距离哦。

> **实验现象**: 向外拉动活塞松手后活塞发生回弹,向里推动活塞松手后活塞也发生回弹。
>
> **实验结论**: _____

🔍 实践探究3 长吸管喝饮料

【自备材料】

水 杯   饮 料

【本节课材料包】

2 m长吸管1根

第1步：在水杯中加入适量饮料。

第2步：将长吸管的下端放入盛有饮料的水杯中。

第3步：对着吸管的上端吸一口气，观察吸管内液面上升高度后松口。

第4步：吸一口气后，用手捏住吸管上端，再吸一口气后，再捏住吸管上端，循环往复，直到喝到饮料。

• 原理揭秘

吸气时，吸管内的气体减少，所以里面的压强减小，压力也就减小，吸管外的大气压不变，饮料在吸管内外压力差的作用下，沿吸管上升，你就喝到饮料了。

为什么2m长的吸管不容易喝到饮料呢？主要是因为人的肺活量限制，一般成年人的肺活量大约在3000毫升，一条直径2cm长2m的吸管，里面的空气容量超过6000毫升，因此一口气无论如何也无法将饮料吸到嘴里，如果想再吸一口气，一松口，饮料又流回去了，如此反复，我们怎么也喝不到饮料。

那怎么样才能喝到饮料呢？吸一口气之后，用力握紧吸管上端，这样外部的空气就不会进入吸管里，饮料不回流，再吸几次就能喝到饮料了。

太空站喝饮料容易，是因为外太空的重力几乎为零，即使你松一口气，饮料也不会在重力的作用下流回去，所以你就能喝到饮料。

通过实践探究，我们知道了影响大气压强的因素有：

_____

具体影响因素是：

_____

考考你

1. 用空易拉罐来体验大气压强的存在，下列操作能达到目的的是（　　　）

　　A. 用手捏易拉罐，易拉罐变瘪

　　B. 用重物压易拉罐，易拉罐变瘪

　　C. 让易拉罐从高处下落撞击地面，易拉罐变瘪

　　D. 用注射器抽取密封易拉罐中的空气，易拉罐变瘪

2. 生活中我们会用吸管来喝饮料，让饮料进入口中的力是（　　　）

　　A. 大气压强

　　B. 饮料的重力

　　C. 手握玻璃杯的力

　　D. 玻璃杯对饮料的支持力

3.（多选题）以下事实中主要利用了大气压强的是（　　　）

　　A. 拦河坝的截面上窄下宽

　　B. 吸管喝饮料

　　C. 吸盘挂钩

　　D. 飞镖的箭头很尖

4. 在冬天，装有一定量水的热水瓶过了一段时间后，软木塞不易拔出，这主要是由于（　　　）

　　A. 瓶内气压大于大气压

　　B. 瓶内气压小于大气压

　　C. 瓶塞遇冷收缩

　　D. 塞子与瓶口间的摩擦力增大

参考答案： 1. D　　　2. A　　　3. BC　　　4. B

生活应用

大气压强存在于我们生活的方方面面，例如：

• 采血管

采血管的原理是将有密封盖的采血管预先抽出气体，从而使采血管内的大气压降低。当采血针一端刺入血管后另一端插入采血管，血管内的血压大于采血管内的气压，血就自动流进了采血管。

• 吸盘挂钩

将塑料挂钩的吸盘贴在光滑的墙面上，按压吸盘表面，将吸盘内部空气排出，外界大气压会将吸盘紧紧压在墙上，挂钩就可以用来挂重物了。

• 暖壶瓶塞

将刚烧开的热水装进老式暖壶，盖上塞子，塞子容易被顶起来，这是因为温度使暖壶内部的大气压强增大，将塞子顶起来。在暖壶中装入热水后拧紧盖子，冷却一段时间后，盖子不容易拧开，这也是因为温度的变化，降温后暖壶内部大气压强降低，外界大气压不变，会压紧盖子使盖子难以打开。

• 打气筒

老式皮碗打气筒的活塞和筒壁之间有空隙，活塞上有一个向下凹的橡皮碗。向上拉动活塞的时候，活塞下方的空气体积增大，压强减小，活塞上方的空气就从橡皮碗四周挤到下方。向下压活塞的时候，活塞下方空气体积缩小，压强增大，但橡皮碗紧抵筒壁不让空气漏到活塞上方，继续向下压活塞，当空气压强足以顶开轮胎的气门芯时，压缩空气就进入轮胎，同时筒外的空气从筒上端的空隙进入活塞上方。

生活中大气压强的应用还有很多，期待你的发现哦！

总结提升

1. 知识和概念

① 大气压强：作用在单位面积上的大气压力。

② 影响大气压强的因素：气体温度和气体体积。

2. 方　法

本节课应用了转换法，在探究温度对压强的影响时，我们不容易感知大气压强的大小，可以通过液面高度来判断大气压强的变化。实验过程控制变量，液面升高前后塑料瓶没变，塑料瓶内的空气含量也没变，外界大气压强也没变，唯一的变量就是塑料瓶中空气的温度，由此得出实验结论。同时通过探究我们打破了吸管喝水是吸上来的这个固有印象，从科学的角度解释生活中的现象。

3. 态度与责任

仔细观察生活中的事物，往往会有意想不到的收获，就像大气压强这种看不见摸不着的事物其实也在发挥着它的作用，我们要学以致用，用科学的知识和方法解决实际问题。

实验报告

课题名称	探究大气压强的影响因素

姓名：＿＿＿＿＿＿＿＿＿＿　　　　日期：＿＿＿＿＿＿＿＿＿＿

❶ 猜想影响大气压强的因素

＿＿＿＿＿＿＿＿＿＿＿＿＿＿＿＿＿＿＿＿＿＿＿＿＿＿＿＿＿＿＿＿＿

❷ 实践探究1　大气压强和气体温度的关系

瓶内温度	温度高	温度低
瓶内液体变化（上升/不变/下降）		

根据实验数据得出结论：

＿＿＿＿＿＿＿＿＿＿＿＿＿＿＿＿＿＿＿＿＿＿＿＿＿＿＿＿＿＿＿＿＿

❸ 实践探究2　大气压强和气体体积的关系

位　置	注射器活塞原始位置	拉动活塞	松手后	推动活塞	松手后
刻度值					

根据实验数据得出结论：

＿＿＿＿＿＿＿＿＿＿＿＿＿＿＿＿＿＿＿＿＿＿＿＿＿＿＿＿＿＿＿＿＿

④ 实践探究 3　长吸管喝饮料

　　成功喝到饮料的原因是：

_____

⑤ 总结影响大气压强的因素

_____

_____

⑥ 课后作业

　　根据大气压强的原理，利用已有材料，制作一个"彩色喷泉"，记得将你的结果拍照或录制视频上传打卡哦。

第 **13** 课 不沉的游泳圈
探索浮力

情景导入

1. 问题引入

  楚汉去游泳馆练习游泳时，他的姿势不太正确，游起来很费力。楚汉拿起旁边的游泳圈套在身上后，瞬间就感觉自己浮了起来，游得很轻松，这是为什么呢？楚汉带着疑问去找老师，他想知道为什么套上游泳圈能有这么大的作用。

 老师，为什么我们套上游泳圈就能浮起来了呢？

这是因为浮力，套上游泳圈后浮力增大了！

 浮力？什么是浮力啊？

浮力是指物体在流体中，各表面受流体压力的差，流体指流动的物体，包括气体和液体，简单来说，浮力就是流体给处于其中的物体一个向上的力。

那我游泳时就是水给我的浮力么？浮力和什么因素有关呢？老师我们一起探究一下吧！

• 实验 1　感受浮力

楚汉拿来一个盖着瓶盖的空塑料瓶，又找来了一盆水，他把塑料瓶丢进水中，发现塑料瓶漂浮在水面上，楚汉想塑料瓶明明有重力，为什么没有沉下去？好像有只无形的手托住了它，这只无形的手到底是什么呢？

• 实验 2　浮力的大小

楚汉想让塑料瓶沉在水底，于是他用力将塑料瓶向下压，当把塑料瓶完全压入水中后，楚汉感觉用了很多的力量，似乎有一股神秘的力量在和他对抗。

2. 猜想和假设

• 猜想 1　浮力和浸入液体中的物体体积有关

楚汉想到刚才他把塑料瓶向下压的过程，发现越往下压越费劲儿，跟他对抗的力应该就是浮力。他觉得浮力的变化应该是塑料瓶浸到水中的体积增大造成的。

• 猜想 2　浮力和液体密度有关

楚汉想到之前在书上看到关于死海的介绍，据说即使不会游泳的人，也能漂浮在死海上，联系之前学习的密度知识，楚汉觉得应该是海水的密度影响了浮力。

· 猜想 3 浮力和物体的质量有关

楚汉记得有一次帮妈妈洗草莓时，草莓的绿色叶子总是飘浮起来，而红色的草莓却沉在水底，楚汉觉得是因为叶子比较轻，草莓比较重，那么物体的质量应该会影响浮力。

实践探究

实践探究 1 浮力与浸入液体中的物体体积的关系

【自备材料】　　　　　　　　　【公共材料】

温　水　　　　　重　物
　　　　　　（例如：橡皮、实心塑料球等）

弹簧测力计 1 个

透明塑料瓶 1 个

第 1 步：在透明塑料瓶中加入约 400 ml 的温水。

第 2 步：用弹簧测力计测出重物未浸入水中时的示数即重物的重力，记录下来。

第 3 步：用弹簧测力计提着重物放入水中，使重物一半高度（即一半体积）浸入水中，待弹簧测力计稳定后记录示数。

第 4 步：继续下降重物，使重物刚好完全浸在水中，待弹簧测力计稳定后记录示数。

第 5 步：将重物继续下降到塑料瓶下部，且不接触瓶底，待弹簧测力计稳定后记录示数。

> **实验现象:** 最初弹簧测力计示数为重物的重力,重物浸入水中后示数降低,随着重物浸入水中体积的增大,弹簧测力计的示数逐渐减小,当重物完全浸入水中后继续下降,弹簧测力计的示数保持不变。
>
> **实验结论:** _____

🔍 实践探究 2　浮力与液体密度的关系

【自备材料】　　　　　　　　　　　　　　　　　【公共材料】

生鸡蛋　　　盐　　　温　水　　水彩笔　　　　透明塑料瓶 1 个　　细木棒 1 根

　　第 1 步: 在塑料瓶中加入约 400 ml 的温水,将生鸡蛋放入装有水的塑料瓶中,观察鸡蛋的位置,待鸡蛋静止后,用水彩笔在瓶子上标记鸡蛋顶部的位置。

　　第 2 步: 向塑料瓶中加入盐并不断搅拌,直至盐无法溶解形成饱和盐溶液,观察鸡蛋的位置变化,待鸡蛋静止后,用水彩笔在瓶子上标记鸡蛋顶部的位置。

清　水　　饱和盐溶液

实验现象：可以看到生鸡蛋在清水中沉于瓶子底部，在饱和盐溶液中漂浮于液面上方。

实验结论：_____

🔍 实践探究3 浮力与物体质量的关系

【自备材料】

温 水

水彩笔1支

【本节课材料包】

细线2根

【公共材料】

可拆分塑料球
2个

橡皮泥
2块

弹簧测力计
1个

透明塑料瓶
1个

5 g小铁块
5个

第1步：用水彩笔对两个塑料球进行标记，1号和2号。

第2步：将1号塑料球分开为两部分，用橡皮泥装满1号塑料球，将1根细线放置于塑料球内，合上塑料球，漏出的线绳部分打结一个圆环。2号塑料球内装上5个5 g小铁块，剩余位置用橡皮泥填充，其他操作与1号塑料球相同。

第3步：在透明塑料瓶中加入约400 ml的温水。

第 4 步：用弹簧测力计挂上 1 号塑料球测出其未浸入水中时的示数即重力，记录下来，将 1 号球放置于装有水的塑料瓶内，使之完全浸入，待弹簧测力计示数稳定后进行读数，再次记录。

第 5 步：2 号塑料球操作与 1 号塑料球相同，测出未浸入水中和完全浸入水中的弹簧测力计示数，进行记录。

实验现象：通过弹簧测力计示数可知，1 号、2 号两个塑料球的重力不同即质量不同，完全浸入水中后弹簧测力计示数不同，通过计算得出 1 号、2 号两个塑料球受到的浮力相等。

实验结论：_____

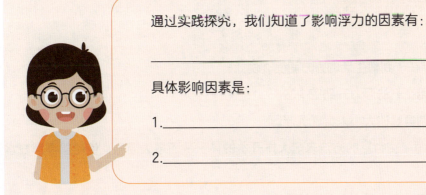

通过实践探究，我们知道了影响浮力的因素有：

_____

具体影响因素是：

1._____

2._____

考考你

1. 将小石块和小木块抛入一杯水中，结果发现木块浮在水面上，而石块却沉入水中，就此现象，下列分析正确的是（　　）

　　A. 木块受到浮力，石块不受浮力　　　　B. 石块沉入水中，所受浮力小于自身重力

　　C. 木块所受浮力一定大于石块所受浮力　D. 木块浮在水面上，所受浮力大于自身重力

2. 将一个新鲜的鸡蛋分别浸入盛有水和浓盐水的容器中，鸡蛋静止在两个容器中的位置如右图所示，下列说法正确的是（　　）

　　A. 鸡蛋在水中受到的浮力大

　　B. 鸡蛋在水和浓盐水中受到的浮力一样大

　　C. 鸡蛋在浓盐水中受到的浮力大

　　D. 鸡蛋在水中不受到浮力

水　　　浓盐水

3. 轮船、木块、泡沫球等物体能浮在水面上，这是因为它们受到了水的＿＿＿＿＿＿＿＿，方向＿＿＿＿＿＿＿＿（向上／向下）。

参考答案： 1. B　　　　2. C　　　　3. 浮力，向上

生活应用

　　浮力的应用存在于我们生活的方方面面，例如：

　　① 气球是利用空气的浮力升到空中的。

　　② 鱼通过控制鱼鳔的大小来实现沉浮。

　　③ 轮船是采用"空心"的方法来增大排开水的体积从而增大浮力，使轮船漂浮在水面上。

　　④ 潜水艇是通过向水舱中充水或排水来改变自重，从而实现上浮、悬浮或下潜。

1. 知识和概念

① 浮力：浮力是指物体在流体中，各表面受流体压力的差。

② 影响浮力大小的因素：液体密度和物体浸入液体的体积。

2. 方 法

本节课应用了转换法，通过弹簧测力计的示数间接得到浮力的大小，也用到了逆向思维，在探究质量与浮力的关系时，两个形状、大小相同，质量不等的物体浮力相等，我们得出浮力与物体的质量无关，同时要善于根据实验数据，分析得出结论。

3. 态度与责任

通过解决生活中的实际问题，从生活中的现象出发，逐步体会掌握科学规律对日常生活的巨大帮助。同时要养成勤于发现，勇于探索的精神，保持好奇心和求知欲。

实验报告

课题名称 探究浮力的影响因素

姓名：＿＿＿＿＿＿＿＿＿＿ 日期：＿＿＿＿＿＿＿＿＿＿

❶ 猜想影响浮力大小的因素

＿＿＿＿＿＿＿＿＿＿＿＿＿＿＿＿＿＿＿＿＿＿＿＿＿＿＿＿＿＿＿＿＿

❷ 实践探究1 浮力与浸入液体中的物体体积的关系

重物浸入液体中的高度	重物未浸入水中	重物一半高度浸入水中	重物刚好完全浸入水中	重物浸入瓶子下方未接触底部
弹簧测力计示数				
浮力大小				

根据实验数据得出结论：

＿＿＿＿＿＿＿＿＿＿＿＿＿＿＿＿＿＿＿＿＿＿＿＿＿＿＿＿＿＿＿＿＿

❸ 实践探究2 浮力与液体密度的关系

液 体	水	饱和盐溶液
鸡蛋在液体中的位置变化		

根据实验数据得出结论：

＿＿＿＿＿＿＿＿＿＿＿＿＿＿＿＿＿＿＿＿＿＿＿＿＿＿＿＿＿＿＿＿＿

❹ **实践探究 3　浮力与物体质量的关系**

塑料球位置		未浸入水中	完全浸入水中	浮力大小
弹簧测力计示数	1 号球			
	2 号球			

　　根据实验数据得出结论：

_____

❺ **总结影响浮力大小的因素**

_____

_____

❻ **课后作业**

　　根据今天学习的内容，请你设计方案，用身边的材料让加了橡皮泥的实心塑料球可以浮在水面上，记得将你的结果拍照或录制视频上传打卡哦。

第 **14** 课 神奇的过山车
探索物体动能和势能

1. 问题引入

  楚汉在坐过山车时，发现过山车一开始下降得很慢，当过山车爬上一个高坡后，下滑的速度越来越快，过山车时快时慢，让楚汉觉得很刺激，他发现下坡时速度飞快，上坡时速度缓慢，他想知道造成上下坡速度差距的原因，于是他来到了奇又妙科学实验室。

老师，我有一个问题想请教您，为什么坐过山车时从高处下滑的过程中速度越来越快，感觉要飞出去了，而从低处下滑就没有这样的感觉。

你要想知道这个问题，首先要认识两个名词：一个是动能，另一个是重力势能。

老师您说的动能难道是运动的能量吗？

你说的比较接近，动能是物体由于运动而具有的能。

原来如此，那重力势能又是什么能呢？

实际上，重力势能是由于物体被举高而具有的能，过山车在高处的时候就拥有重力势能。

那过山车从高处下滑的过程中一直在运动，也具有动能么？

你说的没错，这两种能量在运动过程中相互转化，从高处下滑时重力势能转化为动能。

原来如此，那这两种能量有没有大小呀？会有哪些因素影响这两种能量的大小呢？

这个问题问得非常好，你是想知道动能和重力势能的影响因素，我们一起探究一下吧！

• 实验 1　感受动能

　　楚汉找到一个弹珠，他将弹珠放在桌子上用手推了一下，弹珠滚动起来，此时弹珠因运动而具有动能，为了证明动能的存在，楚汉找到一块木板立在弹珠前方，当弹珠碰到木板时，木板向前滑动一小段距离，为什么木板会滑动呢？它一定是接收到了能量，看来动能真的存在。

实验 2 感受重力势能

还是用刚刚的弹珠，楚汉把它举高，在弹珠正下方放置一盆沙子，松手后观察到弹珠快速下降落入沙子中，沙子表面出现一个沙坑，看来重力势能真的存在。

知道了动能和重力势能的存在，楚汉想知道这两种能量的大小和哪些因素有关呢？

2. 猜想和假设

猜想 1 动能与物体质量的关系

楚汉想到之前妈妈叫他和妹妹吃饭时，两个人跑进餐厅不小心撞到了一起，自己没什么感觉，妹妹却撞倒了，楚汉觉得应该是自己比较重，所以动能比较大。

猜想 2 动能与物体速度的关系

楚汉想到之前看到的一个新闻：高速行驶的小汽车被飞来的石子撞破了挡风玻璃，他猜测动能应该和速度有关。

猜想 3 重力势能与物体质量的关系

楚汉想到之前爸爸让他拿锤子钉钉子时，他先拿了把木棰，怎么也钉不进去，后来换了相同大小的铁锤从同样高度锤下来，很轻松就把钉子钉进去了，他猜测重力势能应该和物体的质量有关。

猜想 4 重力势能与物体被举高的高度的关系

楚汉回忆自己进小区时，看到小区的门口挂着一个牌子，牌子上写着"禁止高空抛物"几个字，他猜测重力势能应该和高度有关。

实践探究

🔍 实践探究 1　动能和物体质量的关系

【自备材料】

刻度尺　　　　　水彩笔

【公共材料】

空心塑料球 1 个　　实心塑料球 1 个　　斜面轨道 1 个　　木板 1 块

第 1 步：取出斜面轨道，距斜面底边 3 cm 处放置木板，用水彩笔对木板底边位置进行画线标记。

第 2 步：将空心塑料球放置于斜面轨道顶端边缘位置，松开手使空心塑料球自由滚下，用刻度尺量出空心塑料球撞击木板后木板前进的距离，进行记录。

第 3 步：将木板放回原位，实心塑料球与空心塑料球操作相同，从同一位置自由滚下，用刻度尺量出实心塑料球撞击木板后木板前进的距离，进行记录。

实验现象：空心塑料球推动木板前进的距离较短，实心塑料球推动木板前进的距离较长。

实验结论：＿＿＿＿＿＿＿＿＿＿＿＿＿＿＿＿＿＿＿＿＿＿＿＿＿＿＿＿

实践探究 2　动能和物体速度的关系

【自备材料】

刻度尺　　　　　　　　　水彩笔

【公共材料】

实心塑料球 1 个　　　　斜面轨道 1 个　　　　　木板 1 块

第 1 步：将木板放回原位，把实心塑料球放置于斜面轨道中间位置，松开手使实心塑料球自由滚下，此时相对于之前从顶端下落的实心塑料球速度减慢，用刻度尺量出实心塑料球撞击木板后木板前进的距离，进行记录。

第 2 步：将得到的数据与上一个实验实心塑料球速度较快时撞击木板前进的距离进行对比。

实验现象： 实心塑料球速度慢时推动木板前进的距离较短，速度快时推动木板前进的距离较长。

实验结论： _____

🔍 实践探究 3　重力势能和物体质量的关系

【本节课材料包】　　　【公共材料】

黏土 2 包　　　　　　小桌子 1 张　　　空心塑料球 1 个　　　实心塑料球 1 个

第 1 步：将黏土揉成圆饼状，小桌子桌腿朝下放置于黏土饼上。

第 2 步：将空心塑料球从桌子正上方某一高度放下，观察黏土上桌腿下陷的深度。

第 3 步：调整桌子的位置，使桌腿与之前的印记不重合，将实心塑料球在与空心塑料球相同的高度放下，观察黏土上桌腿下陷的深度。

第 4 步：对比质量不同的两种塑料球下降形成的深度。

实验现象： 空心塑料球下降使桌腿下陷的深度较浅，实心塑料球下降使桌腿下陷的深度较深。

实验结论： _____

🔍 实践探究 4　重力势能和物体被举高的高度的关系

【本节课材料包】

黏土 2 包

【公共材料】

小桌子 1 张

实心塑料球 1 个

第 1 步：将黏土重新揉成圆饼状，小桌子桌腿朝下放置于黏土饼上。

第 2 步：将实心塑料球从桌子正上方某一个高度放下，观察黏土上桌腿下陷的深度。

第 3 步：调整桌子的位置，使桌腿与之前的印记不重合，将实心塑料球从桌子正上方更高的高度放下，观察黏土上桌腿下陷的深度。

第 4 步：对比高度不同的实心塑料球下降使桌腿下陷的深度。

实验现象：实心塑料球从低处降落使桌腿下陷的深度较浅，从高处降落使桌腿下陷的深度较深。

实验结论：_____

通过实践探究，我们知道了影响动能大小的因素有：

_____

影响重力势能大小的因素有：

_____

具体影响因素是：

_____

过山车在 U 形轨道运行时，从左侧高点下滑最终停留在右侧高点，根据上述情景请回答第 1 题和第 2 题。

1. 从左侧高点下滑至最低处的过程中，动能和重力势能的变化是（　　　　）

　　A. 动能不变，重力势能减小

　　B. 动能减小，重力势能增加

　　C. 动能增加，重力势能减小

　　D. 动能增加，重力势能增加

2. 从最低点上升到右侧高点的过程中，动能和重力势能的变化是（　　　　）

　　A. 动能减小，重力势能增加

　　B. 动能不变，重力势能减小

　　C. 动能减小，重力势能变小

　　D. 动能增加，重力势能减小

3. 司机开车上坡前，往往加大油门，来提升汽车的速度，这是为了（   ）

    A. 增大动能

    B. 增大势能

    C. 增大摩擦

    D. 减小阻力

4. 用细线将小球系好，固定在天花板上，做成一个简易摆钟。如下图所示，小球从 A 点摆动到 B 点的过程中（   ）

    A. 速度变小，动能变大

    B. 速度变小，动能变小

    C. 速度变大，重力势能变小

    D. 速度变大，重力势能变大

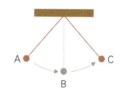

5. 影响物体动能大小的因素有 _____ 和 _____，影响重力势能的因素有 _____ 和 _____。

参考答案： 1. C   2. A   3. A   4. C   5. 物体的质量，物体的速度，物体的质量，被举高的高度

 生活应用

动能和重力势能存在于我们生活的方方面面：

① 举高的锤子将木桩打入地下是将重力势能转化为动能。

② 动能在武器方面的应用十分广泛，例如古代的投石器、现代的子弹发射等。

③ 骑自行车下坡是重力势能转化为动能，不用蹬也能前行。

④ 过山车是动能和重力势能的相互转化。

生活中动能和重力势能的现象还有很多，期待你的发现哦！

总结提升

1. 知识和概念

① 动能：物体由于运动而具有的能。

② 重力势能：物体由于被举高而具有的能。

③ 影响动能的因素：物体的质量和物体的速度。

④ 影响重力势能的因素：物体的质量和被举高的高度。

2. 方　法

本节课应用了转换法，通过观察木板被推进的距离判断物体具有的动能大小，通过观察桌腿在黏土上下陷的深度判断物体具有的重力势能大小，在实践过程中要控制变量，把复杂的问题简单化，同时要善于根据实验数据，分析得出结论。

3. 态度与责任

通过观察生活中的现象，引发思考，在探索过程中发现科学的奥秘，同时建立事物之间的相关性，从点到面，从面到体，构建全方位的知识网络。根据今天的学习，请你思考一下，为什么从万米高空下落的雨滴并不会砸伤我们呢？

实验报告

课题名称	探究动能和势能的影响因素

姓名：_____　　　日期：_____

❶ 猜想影响动能的因素

_____

❷ 猜想影响重力势能的因素

_____

❸ 实践探究 1　动能和物体质量的关系

塑料球	空心塑料球	实心塑料球
推动木板前进距离		

根据实验数据得出结论：

_____

❹ 实践探究 2　动能和物体速度的关系

速 度	快 速	慢 速
推动木板前进距离		

根据实验数据得出结论：

_____

5 **实践探究 3　重力势能和物体质量的关系**

塑料球	空心塑料球	实心塑料球
在黏土中下陷的深度		

根据实验数据得出结论：

_____

6 **实践探究 4　重力势能和物体被举高的高度的关系**

高　度	低　处	高　处
在黏土中下陷的深度		

根据实验数据得出结论：

_____

7 **总结影响动能和重力势能的因素**

动能：_____

重力势能：_____

8 **课后作业**

　　运用今天学到的知识，寻找生活中动能和重力势能相互转化的例子，记得将你的发现拍照或录制视频上传打卡哦。

第 15 课 晾衣法宝
探索蒸发的奥秘

1. 问题引入

楚汉吃饭时弄脏了衣服，妈妈将楚汉的衣服拿去洗，洗完的衣服湿漉漉的，楚汉担心明天上学时衣服干不了，他想知道如何能快速晾干衣服。楚汉在跟妈妈的交谈中知道了晾干衣服的原理是水分蒸发，于是他来到了奇又妙科学实验室寻求老师的帮助。

- **实验 1**

楚汉拿来一个装有水的水盆，把手伸进去，拿出来甩了甩，随着手的甩动，楚汉发现手上的水慢慢变干了，诶？手上的水哪里去了呢？原来水慢慢变成水蒸气散发到空气中，我们把物质从液态变为气态的过程叫作蒸发。

- **实验 2**

还是用刚刚的水盆，楚汉把手伸进去，拿出来没有甩，结果过了很久水才变干，这是为什么呢？蒸发的快慢和什么因素有关呢？

2. 猜想和假设

- **猜想 1　蒸发速度与液体温度有关**

楚汉想到妈妈经常把衣服晾在阳台，是因为太阳温度高，蒸发速度会不会和温度有关呢？

- **猜想 2　蒸发速度与液体表面积有关**

楚汉想到之前地上洒了水，妈妈总是用扫帚把水摊开，没一会儿地面就干了。蒸发速度会不会和液体表面积有关呢？

- **猜想 3　蒸发速度与液体表面上方空气流速有关**

楚汉想起妈妈为了让洗完的头发快点干，会用吹风机吹，吹出来的风速度很快。他猜想蒸发速度会不会和空气流速有关呢？

- **猜想 4　蒸发速度与液体位置有关**

楚汉记得每次晾衣服时，衣服不同位置干的速度不一样，衣袖内侧总是最后才晾干。他猜想蒸发速度会不会和液体的位置有关？

实践探究

实践探究 1　蒸发速度与液体温度的关系

【自备材料】　　【本节课材料包】

酒 精　　　亚克力板 2 块　　塑料滴管 1 支　　暖宝宝 1 片

第 1 步：取两块相同的亚克力板，用水彩笔分别标号 1 和 2。

第 2 步：在两块亚克力板上各滴 3 滴酒精。

第 3 步：将 1 号板放置在撕开的暖宝宝上方，2 号板放置在桌子上，两块板处于相同环境中，记录酒精完全蒸发的用时。

实验现象：1 号板酒精蒸发速度快，2 号板酒精蒸发速度慢。

实验结论：＿＿＿＿＿＿＿＿＿＿＿＿＿＿＿＿＿＿＿＿＿＿＿＿＿＿＿

实践探究 2　蒸发速度与液体表面积的关系

【自备材料】　　　　　　　　　【本节课材料包】

酒 精　纸 巾　　　亚克力板 2 块　　塑料滴管 1 支

第 1 步：将两块亚克力板用纸巾擦干，用水彩笔分别标号 3 和 4。

第 2 步：在两块亚克力板上各滴 3 滴酒精。

第 3 步：将 3 号板的酒精用手指推开，增大表面积，4 号板的酒精保持原状，记录酒精完全蒸发的用时。

实验现象：3 号板酒精蒸发速度快，4 号板酒精蒸发速度慢。

实验结论：＿＿＿＿＿＿＿＿＿＿＿＿＿＿＿＿＿＿＿＿＿＿＿＿＿＿＿

🔍 实践探究 3　蒸发速度与液体表面上方空气流速的关系

【自备材料】　　　　　　　　【本节课材料包】

酒　精　　　　扇　子　　　　亚克力板 2 块　　　塑料滴管 1 支

第 1 步：将两块亚克力板用纸巾擦干，用水彩笔分别标号 5 和 6。

第 2 步：在两块亚克力板上各滴 3 滴酒精。

第 3 步：5 号板用扇子扇风，增大液体表面上方的空气流速，6 号板的酒精保持原状，记录酒精完全蒸发的用时。

实验现象：5 号板酒精蒸发速度快，6 号板酒精蒸发速度慢。

实验结论：_____

🔍 实践探究 4　蒸发与液体所处位置的关系

【自备材料】

酒　精　　　纸　巾

【本节课材料包】

亚克力板 2 块　　　塑料滴管 1 支

第 1 步：将两块亚克力板用纸巾擦干，用水彩笔分别标号 7 和 8。

第 2 步：在 7 号板中央位置滴 3 滴酒精，在 8 号板边缘位置滴 3 滴酒精，两块板处于相同环境中，记录酒精完全蒸发的用时。

实验现象：7 号板、8 号板酒精蒸发速度相同。

实验结论：_____

通过实践探究，我们知道了影响蒸发速度的因素有：

_____

具体影响因素是：_____

同学们，通过前面的学习和探索，你是否真得理解了相关内容呢？下面我们一起通过相关的问题来挑战一下吧。

1. 下列 4 个实例中，能使蒸发加快的是（　　）

A. 将水果放在低温冷藏柜中

B. 将新鲜的蔬菜封装在保鲜袋中

C. 给播种后的农田覆盖地膜

D. 将新采摘的辣椒摊开晾晒在阳光下

2. 下列事例中，能使蒸发变慢的是（　　）

A. 农业灌溉中用管道输水代替沟渠输水

B. 用电热吹风机将头发吹干

C. 将湿衣服晾到向阳、通风的地方

D. 用扫帚把洒在地面上的水向周围扫开

3.（多选题）液体蒸发的快慢与哪些因素有关（　　）

A. 液体的温度

B. 液体的表面积

C. 液体的位置

D. 液体表面上方空气的流动速度

4. 通过今天的学习，我们知道了影响蒸发快慢的因素有 ＿＿＿＿＿＿＿＿＿＿＿。

参考答案： 1. D　　　2. A　　　3. ABD　　　4. 液体的温度，液体的表面积，液体表面上方空气流动的速度

生活应用

蒸发现象存在于我们生活的方方面面：

① 衣服能晾干就是利用了蒸发的原理。为了能让衣服更快晾干，我们通常会将衣服晾在阳台上，通过阳光的照射来升高液体的温度，从而使衣服上的水分蒸发加快；除此之外我们还会打开窗户进行通风，这是利用了增大液体表面空气的流动速度进一步加快蒸发；还要记得将衣服展开晾晒，利用增大液体表面积的方式加快蒸发，通过这三个方法，我们就能更快地晾干衣服。

② 储存水果也利用了蒸发的原理，为了避免水果中水分的流失我们需要减慢蒸发速度。通常情况下人们会选择将水果放置于冰箱中，这是利用降低液体温度的方式来减慢蒸发。除此之外，还可以在水果表面包上保鲜膜对水果进行密封，这样可以减小水果表面的空气流动速度，从而减慢蒸发。

③ 夏天来临时我们通过吹风扇和扇扇子的方式加快皮肤表面空气流动速度，从而加快汗液的蒸发，达到降温的目的。

④ 洗完头发我们通常会用吹风机来吹干头发，这个过程就是利用加快头发表面空气的流动速度来加快水分的蒸发，使头发快速变干。而我们使用热风能更快地吹干头发是因为不仅加快了空气的流动速度，还升高了液体的温度。

生活中蒸发的现象还有很多，期待你的发现哦！

1. 知识和概念

蒸发：物质从液态变为气态的过程。

2. 方　法

本节课通过观察相同量的酒精完全蒸发的用时来判断蒸发快慢，在实践过程中控制变量，把复杂的问题简单化，同时要善于根据实验数据，分析得出结论。

3. 态度与责任

从生活中的现象出发，同学们要逐步体会掌握科学规律对日常生活的巨大帮助，同时要养成勤于发现，勇于探索的精神，保持好奇心和求知欲。

实验报告

课题名称 探究蒸发的影响因素

姓名：_____ 日期：_____

❶ 猜想影响蒸发速度的因素

_____

❷ 实践探究1 蒸发速度与液体温度的关系

亚克力板	1号板	2号板
液体蒸发快慢		

根据实验数据得出结论：

_____

❸ 实践探究2 蒸发速度与液体表面积的关系

亚克力板	3号板	4号板
液体蒸发快慢		

根据实验数据得出结论：

_____

④ 实践探究 3　蒸发速度与液体表面上方空气流速的关系

亚克力板	5 号板	6 号板
液体蒸发快慢		

根据实验数据得出结论：

_____

⑤ 实践探究 4　蒸发与液体所处位置的关系

亚克力板	7 号板	8 号板
液体蒸发快慢		

⑥ 总结影响蒸发速度的因素

_____

_____

⑦ 课后作业：生活中的蒸发现象

　　运用今天学到的知识，回家亲自动手晾衣服，看看谁晾干的速度更快，记得将你的结果拍照或录制视频上传打卡哦。